कबीर की चिन्ता

कबीर की चिन्ता

बलदेव वंशी

वाणी प्रकाशन
प्रकाशन के उत्कृष्टतम 61 वर्ष

vaniprakashan.com

सजिल्द पहला संस्करण : 2002
सजिल्द दूसरा संस्करण : 2008
सजिल्द तीसरा संस्करण : 2024

वाणी प्रकाशन

4695, 21-ए, दरियागंज, नयी दिल्ली-110 002

फ़ोन : +91 11 23273167, 23275710

शाखाएँ

अशोक राजपथ, पटना-800 004, बिहार
कॉफ़ी हाउस कैम्पस, महात्मा गांधी मार्ग, प्रयागराज-211 001, उत्तर प्रदेश
महात्मा गांधी अन्तरराष्ट्रीय हिन्दी विश्वविद्यालय, वर्धा-442 001, महाराष्ट्र
36/ए, शेक्सपियर सरणी, रानी बिरला गर्ल्स कॉलेज के पास, कोलकाता-700 017, प. बंगाल
sales@vaniprakashan.in
vaniprakashan@gmail.com

KABIR KI CHINTA
by Baldev Vanshi

ISBN : 978-81-7055-836-1
Criticism

मूल्य : ₹ 395

जी.एस. ऑफ़सेट द्वारा दिल्ली-110 095 में मुद्रित

वाणी प्रकाशन का लोगो मक़बूल फ़िदा हुसेन की कूची से

अनुक्रम

भूमिका

कबीर के सारे आग्रह मनुष्य, जीवन और इस जगत् को सँवारने के रहे हैं । मनुष्य ही उनकी सारी सोच और चिंताओं का केन्द्र रहा है । जिन प्रश्नों के उत्तर खोजने गौतम राजमहलों को छोड़ कर भटकते रहे, उन उत्तरों तक कबीर जीवन की गहमागहमी में आसानी से पहुँच गये । हाँ उन प्रश्नों से जीवन के घेरों में रहकर टकराये । बचकर निकल नहीं गये । प्रश्नों से गुत्थमगुत्था होकर उन्होंने उत्तर पाये । उन उत्तरों को समाज के सामने रखा । उनका रास्ता कर्म और कर्म को योग तक की गरिमा दिलाने वाला है 'सहज योग' उनके दर्शन की ऐसी ही कमाई का अवदान है ।

इस धरती पर चेतना का सारा प्रसार—पत्थर, पेड़, पशु, पक्षी तथा मनुष्य तक की चेतना का विकास ही कबीर के लिए राम है । धड़कन ही राम है । जहाँ धड़कन नहीं, वहीं विराम है । कबीर धड़कन और जीवन के गायक हैं । जीवन की महिमा के उन्नायक हैं । समूचा ब्रह्माण्ड इन अर्थों में राम मय है । कबीर युग की मूर्खताओं को निरुत्तर करने के लिए निर्गुण को मानते हैं, क्योंकि इसकी काट कहीं नहीं । अद्वैत में अल्ला, ईश्वर दोनों समा जाते हैं और फिर मूलतः सूक्ष्म रूप में हर कहीं समाया हुआ राम ही रहीम है और रहीम ही राम है । 'वह पुहुप बास ते पातरा' है । अंतः दृष्टि एवं बोध के व्यापक आयामों में संवेदना के विस्तार की सरहदें निर्गुण ब्रह्म तक पहुँचाती हैं । फिर द्वैत की भेद या विभेद की बात क्यों उठायी जाये । सबसे पहले, सबमें व्याप्त एक आत्म को—ब्रह्म को क्यों न चीन्हा जाये । क्यों न पहचाना जाये । क्यों न मनुष्य और जीवन को सँभाला जाये । क्योंकि अंततः यही यथार्थ है । सत्य है । राम है । रहीम है । यही केशो, यही करीम है ।

कबीर ने आध्यात्मिकता को सांप्रदायिक/धार्मिक कुहासे की तरह प्रचारित नहीं किया, बल्कि उससे कुहासे को छाँटने का काम लिया । उन्होंने अध्यात्म को भी सामाजिक-मूल्य बनाकर प्रस्तुत किया तथा धर्म और दर्शन के द्वैत की खाई को पाट कर दोनों को जोड़ दिया । कबीर का पूरा जोर धरती पर के जीवन को सँवारने पर था । इसी के लेखे धर्म, अध्यात्म, दर्शन सब लगा दिया । कुछ उठा नहीं रखा कबीर ने ।

विश्व-स्तर पर ईसाइयत और मुस्लिम का झगड़ा इधर कई-कई मंचों और नयी अंतर्राष्ट्रीय गुटबंदियों, तथा सैनिक कार्रवाहियों द्वारा मुखरतर हो रहा है । ऐसे में भारत में भी वैसी ही प्रभुत्वकारी सांप्रदायिक हौंस आकार ले रही है और इसकी प्रतिक्रिया-स्वरूप

हिन्दू धर्मवाद यदि आँखें खोल रहा है, तो यह कोई अस्वाभाविक नहीं । अस्वाभाविक एक या दूसरे तरफ होकर की जाने वाली बयानबाजी है । इस तरफदारीपूर्ण बयानबाजी के पीछे की विचारना ही सांप्रदायिक है । कबीर के नाम की ओट लेकर इस बयानबाजी को चलाने की शुरुआत भी हो चुकी है । जबकि कबीर ने अपने को न हिन्दू कहा न मुसलमान, न गोरख-पंथी । बल्कि मात्र एक इनसान कहा और घट-घट व्यापै स्वामी का भक्त :

जोगी गोरख-गोरख करै
हिन्दू राम-राम उच्चरे
मुसलमान कहै एक खुदाई
कबीर को स्वामी घटि-घटि रहयो समाइ ।

(कबीर ग्रंथावली, पद 300)

वर्तमान संदर्भों में सिर्फ इतना ही पर्याप्त नहीं है कि हम हिन्दू-मुसलमान के पक्षधर न बनें, बल्कि किसी भी राजनीतिक दल से भी अपना सम्बन्ध न रखें । निरपक्ष हो जायें, निरदल हो जायें । तभी कबीर का नाम लें । अन्यथा अपनी स्वार्थ-लिप्त, अवसरवादी, छद्म, घिनौनी राजनीति का मुहरा कबीर साहब को न बनायें । सब तरह के मुखौटे और चोले उतार कर मात्र इनसान के चोले में आ जायें । समय रहते, पूरी दूनिया में यदि कबीर को सच्चे हृदय से अपनाया जाये तो कोई कारण नहीं कि शांति, स्नेह भाईचारा स्थापित न हो । हो यह रहा है कि भली बातों और लोगों का नाम लेकर अपनी घृणित इच्छाओं की पूर्ति में लोग संलग्न हैं । 'तुलसी के राम' के सामने 'कबीर के राम' को खड़ा करने की, राम को बाँटने की ओछी मानसिकता का प्रदर्शन हो रहा है ।

कबीर और कबीर के राम समूचा अध्यात्म मूल्य, आधार भूमि है, जिसके द्वारा विश्व में पुनः एक परिवर्तन और क्रांति घटित हो सकती है । किंतु लगता है अभी भारत ही इसके लिए तैयार नहीं । विश्व तो अभी उलटी दिशा में सोच रहा है, जा रहा है । गाँधी जी का राजनीतिक सामाजिक दर्शन भी अध्यात्म-धर्म की नींव पर खड़ा है । मजा यह है कि गाँधी जी, उनकी माता जी भी राम के ही भक्त हैं । राम के वही संस्कार उनमें भी बोलते हैं, जो कबीर की वाणी में हैं ।

कबीर के 'राम' की पहचान बहुत आसान होते हुए भी विद्वान लोग उलझे हुए दिखते हैं । कबीर की एक साखी को हम सामने रखकर 'राम' की पहचान कर सकते हैं :

शून्य मरै अजपा मरै अनहद हू मरि जाय ।
राम सनेही न मरै रहा कबीर समुझाय ।।

शून्य, अजपा और अनहद जैसी पूर्व अप्रतिष्ठित, गहन, गूढ़ धार्मिक अवधारणाएँ

भी यदि मृण्मय हैं तब जो 'राम सनेही' अमर माना जा रहा है कबीर के द्वारा, तो यह 'राम सनेही' वह तो कभी हो नहीं सकता, जिसे सरलतापूर्वक 'राम को स्नेह करने वाला' मान लिया जाता है; बल्कि 'राम सनेही' उक्त अवधारणाओं को देखते हुए वह है जिसे राम स्नेह करे । जिसे राम चुन ले वह 'राम-सनेही' सिद्ध होता है । इन अर्थों में, यथार्थ भूमि पर निर्धन, उपेक्षित, पीड़ित, शोषित, रोग ग्रस्त, लाचार ही सामूहिक रूप में राम हैं। मूर्त्त रूप में चैतन्य का यही निर्गुण राम का स्वरूप है और यह जिसे चुन लेता है, स्नेह करता है—वह 'राम सनेही' है । वह कभी मरता नहीं, अमर हो जाता है । इन अर्थों में कबीर स्वयं राम स्नेही हैं, जिसे इस सामूहिक चैतन्य ने अपना परम हितैषी मानकर चुन लिया है । इसी प्रकार अन्य सभी संत भी निम्न वर्ग से आये हुए और चुन लिये गये हैं, राम स्नेही हैं ।

कबीर की चिंता और चिंतना का मूल आधार अध्यात्म है । इसी पुख्ता, समेकित आधार पर कबीर ने अपने समय की निरंकुश मुस्लिम राजशाही को चुनौती दी और धार्मिक सम्प्रदायगत अति कठोर-विद्वेषी सत्ता को ललकारने का नैतिक सरोकार दिखा पाये । समाजाध्यात्म तक विकसित यह वृहत्तर आधारभूमि न होती कबीर के पैरों के नीचे तो संभवतः वह उक्त सत्ताओं को झुकाने में इतने सक्षम और अकाट्य न हो पाते, जितने प्रभावी वह सिद्ध हुए, और आज भी हो रहे हैं, किंतु कुछ उत्साही विद्वान आज भी कबीर वाणी के अत्यल्प अंश को स्वेच्छा और अनुकूलता की हद में उद्धृत करके, चर्चा कर जहाँ कबीर के प्रति अन्याय करते हैं, वहाँ किसी भी चिंतक-दार्शनिक के समूचे दाय को सामने रखकर चर्चा न करने से अपनी चतुराई, अल्पज्ञता, बौद्धिक बे-ईमानी ही दिखाते हैं । मूलगामी स्रोत और उत्स की जाँच की जाये तो कबीर को समूचे चिंतन की आधारभूमि मात्र आध्यात्मिक सिद्ध होती है, जहाँ से वह मानव-समाज ही नहीं, समूचे जीव-जगत् की चिंताओं से घिरे दीखते हैं । इसी व्यापक चिंता और चिंतन सरोकारों के रहते कबीर और कबीर के साथ सारे संतों की वाणियाँ मनुष्य और मनुष्यता के सम्मुख उपस्थित सम्पूर्ण विनाश के संकट से वर्तमान विश्व को उबारने का बड़ा भरोसा सिद्ध होती हैं । बल्कि कहना चाहिए कि आज समूचे विश्व को केवल संत ही बचा सकते हैं। पर्यावरण विनाश हो, जातिवाद, नस्लवाद, सम्प्रदायवाद हो, आर्थिक शोषण और गैर-बराबरी हो, सब प्रकार के विभेद, अमानवीयता, हत्या-हिंसा से संत निजात दिला सकते हैं । इस दिशा में कबीर सिरमौर हैं ।

आज राम या रहीम किसी प्रकार की दुविधा द्वन्द्व उत्पन्न नहीं कर रहे, लोगों की, राजनीतिक लोगों की नीयत ही; बल्कि साफ शब्दों में कहें तो बद-नीयती ही द्वन्द्व और संघर्ष उत्पन्न कर रही है । राम-रहीम से रहित होकर राजनीति वेश्याई चलन अपना रही है । राजनीति को इनसे भी पृथक् कर देने से वह अंकुश भी हट जायेगा, जो अब तक अंतिम आशा के रूप में मनुष्यों के पास बचा हुआ है ।

अतः जरूरत है कि मनुष्य-मनुष्य में भेद करने वाली सारी बातों को छोड़ा जाये ।

डा. हजारी प्रसाद द्विवेदी जी के शब्दों में "जातिगत, कुलगत, धर्मगत, संस्कारगत, विश्वासगत, शास्त्रगत, संप्रदायगत बहुतेरी विशेषताओं के जाल को छिन्न करके ही वह आसन तैयार किया जा सकता है जहाँ एक मनुष्य दूसरे से मनुष्य की हैसियत से ही मिले । जब तक यह नहीं होता तब तक अशांति रहेगी । मारामारी रहेगी । हिंसा-प्रतिस्पर्द्धा रहेगी । कबीरदास ने इस महती साधना का बीज बोया था ।"

पिछले पंद्रह-एक वर्षों में संयोग से, देश के विभिन्न अंचलों में व्यापक यात्राओं के अवसर मिलना मेरा सौभाग्य रहा । जिन दिनों हिन्दी के मूर्धन्य कवि श्री अज्ञेय जी सांस्कृतिक यात्राएँ आयोजित कर रहे थे, हिन्दी के विचारक-साहित्यकारों कवियों को लेकर, उस समय मैं अकेला ही अनेक शक्तिपीठों, ज्योतिर्लिंगों, कबीर मठों, आश्रमों (अरविंद आश्रम पांडिचेरी), (ओशो रजनीश आश्रम, पूना) आदि की यात्राएँ कर रहा था । दो बार विदेशों में विश्व रामायण सम्मेलनों के सिलसिले में जाने का सौभाग्य मिला । मॉरीशस (1989) और बैल्जियम (1991) । साथ ही इंगलैंड, हालैंड आदि में व्याख्यान देने के अवसर भी उपलब्ध हुए । जगन्नाथपुरी, रामेश्वरम, कन्याकुमारी, सोमनाथ, नैमिषारण्य, चित्रकूटधाम, गिरनार, द्वारका, सारनाथ, काशी, मथुरा-वृन्दावन ही नहीं कामाख्या-कामरूप (गौहाटी, आसाम), शिलांग (मेघालय), कश्मीर, धर्मशाला (हिमाचल प्रदेश के दूरस्थ पहाड़ी इलाकों में) गद्दी-गाँवों, उत्तर-पूर्व के पहाड़ी गाँवों में स्थित कबीर मठों—गोरु बथान, मिरिक, सौरेनी, दार्जीलिंग, कलकत्ता की यात्राएँ । यों समूचे देश की (कुछ प्रदेशों की कई-कई बार) यात्राएँ करके जो पाया वह अब अंश-अंश लेखों-पुस्तकों के माध्यम से प्रकाशित कराने का सिलसिला बना है ।

दक्षिण भारत में एक तरफ समुद्र तट पर उडुपि में भव्य-मंदिरों की यात्रा हो या आंध्र-प्रदेश में नागार्जुन सागर, गोवा-पंजिम में विशाल गिरजाघरों के दर्शन हों या अजमेर शरीफ में सलीम चिश्ती की दरगाह की ज़ियारत । पूना में ओशो (रजनीश) के कोरेगाँव स्थित आश्रम में निवास ही नहीं गहरे प्रभाव और अहोभाव का ग्रहण हो या धर्मशाला में दलाई लामा जी के दर्शन । बौद्धमठ व केन्द्र के कई-कई बार दर्शन ही नहीं 'तिब्बत की अस्मिता का प्रश्न' पुस्तिका तक लिखी, यह सब उल्लेख करने का अभिप्राय मात्र इतना है कि इस देश की धरोहर—चैतन्य की खोज में मैं पिछले नौ-दस वर्षों से रत रहा हूँ ।

आज के बुद्धिजीवी-साहित्यकार भी कबीर के सामने दिवालिया लगते हैं । क्योंकि हर तरह का अत्याचार, अनाचार, हिंसा, साम्प्रदायिकता चौराहे पर खड़ी दहाड़ रही है । सामाजिक-आध्यात्मिक क्रांतियों के उद्‌गम-कबीर से अपने को जोड़ने वाले चौराहों से भाग कर सुख-सुविधा-स्वार्थ की माँदों में जा छिपे हैं । छद्‌म, ढोंग, झूठ, मक्कारी के बल पर स्वयं को विद्रोही-क्रांतिकारी मान-मनवा रहे हैं । जबकि कबीर ने संकुचित-आडम्बरी धर्म, धर्म से जुड़े ढोंग पर सबसे अधिक प्रहार किये हैं । सत्य, सहज, सरल पर बल दिया है ।

आज हमारे देश और विश्व का मानव बहुत ही विक्षुब्ध, निराश एवं हताश होकर हत्या-हिंसा के मार्ग पर उतर आया है । कबीर शांति, प्रेम, आत्मिक भाईचारे का मार्ग दिखाने वाले युग-पुरुष हैं, जिनके द्वारा हम अपने वर्तमान को भी सँवार सकते हैं । यह पुस्तक कबीर के भक्तों, प्रशंसकों, पाठकों और शोधकर्ताओं को समर्पित है । प्राणी मात्र की खैर माँगने वाले इस महान संत की वाणी जरा-सा भी किसी की आत्मा को छूने, चेतना को जगाने में माध्यम बन सके तो हम अपना प्रयत्न सार्थक मानेंगे ।

हमने सभी वर्तमान मठों के आचार्यों को पत्र लिखे हैं कि वे सम्बद्ध मठों के आचार्यों की वंशावली और वर्तमान पंजाधारी महंतों की संख्या तथा अपने क्षेत्र के कबीरपंथियों की अनुमानित संख्या लिख भेजें ताकि समेकित सूचनाओं पर आधारित एक पुस्तक प्रकाशित की जा सके । ऐसे ही आंकड़े, विदेशों में रह रहे कबीरपंथियों के हम एकत्र कर रहे हैं ।

बलदेव वंशी

ए-3/283, पश्चिम विहार,
नई दिल्ली-110063

कबीर की चिन्ता

वेद (ज्ञान) पढ़ने की अपेक्षा अनुभूति और आचरण का विषय है । जिन लोगों ने वेद (ज्ञान) को निजी-स्वार्थों, अपने सीमित सोच के कारण सम्प्रदायगत हितों के पोषण में लगाया, उन्होंने निश्चय ही समूचे समाज और देश और विश्व का बड़ा अहित किया है । कबीर इन अर्थों में आज तक के विश्व के सर्वाधिक ज्ञानवान महामानव हुए हैं । उन्होंने न केवल मनुष्य-मात्र की अपितु समस्त जीव-जन्तु की और जड़-चेतन की समान रूप से चिन्ता की है । इतना बड़ा व्यक्तित्व, मात्र सामाजिक या राजनीतिक या भौतिक चिन्ताओं के कारण ऐसी अपूर्व विराटता न पा सकता जो कबीर ने पायी है । आज डॉ. धर्मवीर और अम्बेडकरवादी कबीर के हितैषी नहीं दीखते, क्योंकि वे लोग अपनी खातिर आज कबीर को छोटा बना रहे हैं । कबीर को अपने (कबीरपंथियों के) सामाजिक-राजनीतिक संघर्ष में उपयोग के लिए कबीर के चिन्तन और चिन्ताओं की काट-छाँट कर सामयिक हितों के तर्कों में ढाल कर प्रस्तुत कर रहे हैं । कभी मार्क्सवादी होना फैशन था, जो आज भी थोड़ा-बहुत, कहीं-कहीं, स्वार्थ और धंधे की शक्ल में साँसें ले रहा है, जिसे विश्वमानव-हितैषी युग की उज्ज्वल विचारधारा के स्तर से भारत में नीचे उतार दिया गया है; अन्यथा मार्क्सवाद वर्तमान बाजारवाद-जातिवाद-सामंतवाद ग्रस्त भारतीय समाज के लिए बेहतर उपचार की औषध है । यहाँ के लेबल-ठप्पेधारी, विदेशी-यात्राएँ, सुख-सुविधाएँ लपकने वाले तथाकथित मार्क्सवादियों ने ही दलितों तक की सुध नहीं ली । जिन राज्यों में इनकी सरकारें थीं और हैं, वहाँ भी हर प्रकार की ग़ैर-बराबरी मौजूद है । आज का दलित-हितैषी और दलित-उद्धारक भी ऐसे तथाकथित मार्क्सवादियों की भाँति कबीर को आधा-अधूरा ही स्वीकार कर रहा है । 'कबीर के आलोचक' पुस्तक में डॉ. धर्मवीर भी डॉ. नामवर सिंह की तरह कबीर का उपयोग करते लगते हैं; क्योंकि कबीर का जो मुख्य आधार है, चिंतनभूमि है, चिंता का सरोकार है, उस से काट कर सारा विमर्श साधा गया है । यहाँ तक तो ठीक है, क्योंकि प्रमाण रूप में देखने में भारतीय समाज में दलितों की स्थिति लज्जाजनक बना दी गयी है, किंतु समूचे हिन्दू समाज को दोष देना और कबीर के सारे आलोचकों के सोच को हिन्दूवादी सोच कह कर उनके समूचे कबीर-सम्बन्धी कार्य को नकारना किसी भी तरह उचित एवं तर्कसंगत नहीं है । अन्यथा जहाँ, जिन तथ्यों को हजारी प्रसाद द्विवेदी जी ने कबीर विमर्श में उठाकर एक अनुकूल वातावरण बनाया है, वह भारत में ही नहीं, विदेशों तक

में कबीर की सुप्त-विलुप्त ज्ञान-गंगा को पुनः जाग्रत कर प्रसारित-प्रवाहित करने में किसी भी भाँति कम नहीं है । आचार्य हजारी प्रसाद द्विवेदी जी के इस दाय से न भारतीय उऋण हो सकते हैं, न कबीरपंथी ही ।

कबीर का चिंतन, दर्शन के स्तर को यदि उपलब्ध करता है, तो वह भारतीय दार्शनिक परिप्रेक्ष्य में ही और वह भी पूर्ण ज्ञान के धरातल पर, जिसमें मनुष्य के जन्म से मरण तक, धरती से आकाश तक और जीवन के सर्वांग तक फैली स्थितियों के प्रति चैतन्य, समानता और संवेदनीयता सन्निहित है, अन्यथा आर्यसमाजियों ने सनातनी धर्म-व्यवहार को नकार कर भी वेदों को न स्वीकारा होता । एक प्रबल लहर उत्पन्न हुई थी आर्यसमाज के रूप में । वैदिक-ज्ञान के माध्यम से हिन्दू समाज को सूक्ष्म, वृहत्तर, विशाल जीवन-परिवेश से संयुक्त कर के जातिवाद, अस्पृश्यता, रूढ़िवादिता जैसे महारोगों पर बड़े, तर्कसंगत और प्रहारक हमले कर के शास्त्रार्थों के माध्यम से 'पाखंड-खंडिनी पताकाएँ' फहराकर ललकारा गया । गम्भीर चुनौतियाँ दी गयीं । वह प्रखर लहर अपना अपेक्षित कार्य पूरा किये बिना ही आज बलहीन और क्षीण हो चुकी है । पूर्व के इन सारे प्रयत्नों को आज पुनः देखने-जाँचने और खुले दिमाग़ से परखने की बड़ी ज़रूरत है । न कि सिर्फ़ एकतरफा नकार की और अतर्क्य बयानों की । आज हो यह रहा है कि मात्र आधे सोच पर पूरे अहं के बल पर वेद-ज्ञान को नकारने से, जो कि पूरी मानव जाति का, लाखों वर्षों से कमाया और वेदकाल में सहेजा ज्ञान है, उस से कबीर को काट कर देखने की और स्वयं को काट कर मानने-जानने की कोशिश हो रही है । यह किसी भी प्रकार, किसी के भी हित में नहीं है, न इन कबीरपंथियों के, न समाज के, न देश के । वेदान्त कबीर की सीमा नहीं, खूबी है । यही उनकी शक्ति भी है । यही वह जमीन है, जिस पर खड़े होकर कबीर पंडित-मुल्ला को ललकारते हैं और मानवमात्र को आत्मिक सम आधार पर खड़ा करके देखते हैं । डॉ. धर्मवीर जैसे दलितपंथियों की सीमा हो सकता है वेदांत, कबीर की नहीं । डॉ. अम्बेडकर और उनके अनुयायी डॉ. धर्मवीर की चिंता राजनीतिक वर्चस्व हो सकता है, जिसके बाद सामाजिक, आर्थिक वर्चस्व प्राप्त कर दलित लोग हिन्दू समाज में अपने लिए सम्मानपूर्ण समता का सम्मान-भाव अर्जित कर सकते हैं । किन्तु कबीर तो समूचे मनुष्य को, आत्यन्तिक रूप में पहले और बाद में भी मनुष्य के रूप में ही देखते सोचते हैं; हिन्दू या मुसलमान के रूप में नहीं । हिन्दुओं और मुसलमानों का सोच ही आज खोटा या छोटा नहीं 'दलित' (तथाकथित) को दलित मानना ही ईश्वर के प्रति आज मनुष्य और मनुष्य-सभ्यता के लिए घोर अपराध है । जिन्होंने हिन्दू को जातीयवादी, अधिकार-भेद की सोच से देखा है, आज उस दृष्टि की बदली हुई मानव-दृष्टि में कोई भी वैधता क्या, प्रासंगिकता तक नहीं रह गई । जो लोग आज भी हिन्दू-समाज को ले कर ऐसा सोचते हैं अर्थात् वर्णवादी, जातिवादी सोच से, वे पूरे वृहत्तर समाज के शत्रु हैं । बहुत स्पष्ट सोच है कबीर की । वह हिन्दू-मुस्लिम साम्प्रदायिक सोच से मनुष्य को नहीं देखते, दलितों, मजदूरों-श्रमिकों को भी किसी भी

प्रकार हीन या छोटा या ओछा करके न देखते हैं, न देखने की छूट देते हैं । जो ऐसी भेदवादी दृष्टि से देखते हैं, वे किसी भी दृष्टि से कबीर को और कबीर के राम को प्रिय नहीं हैं । बल्कि निंदा के पात्र हैं । कबीर के राम कण-कण में व्याप्त, निर्गुण, निराकार होने से समूचे ब्रह्माण्ड में व्याप्त हैं । यदि उस राम को मूर्त्त रूप में देखना है तो, मंदिर-मस्जिद में नहीं, निर्धन, उपेक्षित, दलित, उत्पीड़ित, बीमार, निर्बल के हृदय में देखा जा सकता है । पूजा जा सकता है, प्रसन्न किया जा सकता है ।

कबीर का ब्रह्म मनुष्य के भीतर है, बाहर नहीं । वह हर कण में, जर्रे में समाया हुआ है, इसलिए क्योंकि समूचा ब्रह्माण्ड चैतन्य है । यही दृष्टि आर्य समाज के प्रवर्तक महर्षि दयानन्द की थी । यही दृष्टि वेदांती विवेकानन्द की और महात्मा गांधी की थी । ये सब महात्मा लोग परमात्मा को 'प्रकृति' के भीतर ही देखते-मानते थे । यही विश्व-मानव को समानता, बंधुत्व और स्वतंत्रता देने वाली दृष्टि है, दर्शन है । जो लोग ब्रह्म को 'प्रकृति' के बाहर मानते हैं, उनकी दृष्टि एक सीमा में बँधी हुई होने से आज किसी भी प्रकार उचित या उपयुक्त नहीं जान पड़ती । अतः कबीर का उपयोग मात्र सामाजिक-राजनीतिक समत्व की दृष्टि से करना भी अनुचित और अनुपयुक्त है । जबकि कबीर की चिंता तो समूचे मनुष्य एवं अस्तित्व मात्र के चैतन्य मानने-मनवाने की है । वेदान्त की ही एक दृष्टि यह भी है कि परमात्मा प्रकृति के बाहर है । इससे भी कबीर तथा दयानन्द, विवेकानन्द, गांधी सहमत नहीं हैं । अतः कबीर की दृष्टि से भ्रम की कोई सीमा नहीं रह जाती; न जातिवादी, वर्णवादी, अधिकारी-अनधिकारी सोचवादी दृष्टि की कोई गुंजाइश रह जाती है, अन्यथा व्यर्थ का वितंडावाद खड़ा करना भी उतना ही हेय और निंदनीय सोच है । इक्कीसवीं शताब्दी में, साफ और सीधी एकात्मतावादी दृष्टि से जाना ही भारत के अपने लिए और पुनः विश्वकल्याण हेतु नेतृत्व के लिए अपनाना पूर्णतः शुद्ध, सत्य एवं मानवीय होगा ।

हमारी दृष्टि में कबीर सर्वप्रथम भक्त हैं, फिर समाज-सुधारक, फिर कवि । उनकी एकात्मवादी विश्व-दृष्टि उन्हें अध्यात्म-दृष्टि सम्पन्न क्रान्तिकारी सोच वाला मसीहा सिद्ध करती है । इस सोच और दृष्टि के रहते उनकी क्रान्ति, परिवर्तन और सोच की भूमिका स्वयं ही सुनिश्चित हो जाती है । और इस सोच को व्यक्त करना लोगों तक पहुँचाने के लिए, उन्होंने जो भाषा और माध्यम चुना वह, काव्य-रूप में सामने आया । उनके लिए प्रयुक्त 'संत कवि' के विशेषण से भी वह संत पहले हैं और कवि बाद में । 'कवि संत' कोई नहीं कहता-मानता, उन्हें ।

कबीर ने मानव के विकसित ज्ञान और भाव को इनके मूल स्वरूप और प्रकृति में पहचाना । इसी कारण वेद (ज्ञान) को संवेद मान कर युग को समझने, युग की पीड़ाओं, विसंगतियों, विभेदों को मिटाने की ओर बढ़े तो भाव को उसकी समूची व्यापकता और गहराई में धारण करके दोनों को परस्परता में संयुक्त किया । समूचे ब्रह्माण्ड को भावना में ले कर, ब्रह्म-कृत होने के कारण, संवेदनात्मक जल से पूरित माना "जल दिव मीन

प्यासी, मूझे सुन-सुन आवै हाँसी", यहाँ समूचा ब्रह्माण्ड ही चैतन्य-पूरित है ।

एक अन्य तथ्य लें । कबीर का कर्म में अटूट विश्वास है । बल्कि, अपने विचार को कर्म में परिणत करके कबीर सबसे अधिक बल विचार और कर्म की संयुति पर देते हैं । आज विचार-परिसरों में केवल और मात्र विचारों के बखान के बढ़-चढ़ कर उल्लेख मिलते हैं । विचारों की आँधियाँ झुलाई जाती हैं । इलैक्ट्रानिक माध्यमों की सुविधा -सहयोग से आज और भी सुविधा हो गई है । लोगों के घरों में ही नहीं उनकी आँखों, कानों, दिलों और दिमागों के अति निकट पहुँच रखने वाले माध्यमों के भरोसे व्यापारी, बाज़ारी, प्रचारी लोग इन माध्यमों पर कब्जा करके जनता को भ्रमित प्रभावित करने में लगे हैं । स्वयं को कर्म-मुक्त कर लेने की सुविधाएँ पाये विचारवान लोग (बुद्धिजीवी) अराजक होते गये हैं । विचार से कर्म को काट देने से विचार इन अर्थों में वि-शृंखल हो कर उत्-शृंखल हो जाता है, क्योंकि वह व्यक्ति या व्यक्ति समूहों की गहन, विचार-निष्ठाओं को सामने लाने की बजाय विचार द्वारा प्रतिष्ठा पाने तक सीमित रह जाता है । आज विचारों से प्रतिष्ठा अर्जित की जा रही है । व्यवहार में उन विचारों को प्रामाणिकता देने की बाध्यता से मुक्त लोग ही हर प्रकार के अनाचार, व्यभिचार, दुराचार, अतिचार में व्यस्त हैं । विचारों और विचारधाराओं की ओट में वे उन विचारों और विचारधाराओं के उलट कार्य करते हुए भी प्रतिष्ठा पा रहे हैं । क्योंकि उनके विचार उनके कर्म और व्यवहार से कटे हुए हैं । प्रमाणित नहीं हो रहे ।

चैतन्य प्रकाश धरती पर मनुष्य के अतीत इतिहास को ही नहीं, भावी अस्तित्व की राह को भी आलोकित करता है । संतों की मानवीय चैतन्य प्रकाश को विसिरणित करने वाली वाणी ही भावी विश्व की संरक्षिका भी होगी और पथ-प्रदर्शिका भी । इस वाणी में लोक और लोकायत की संवेदनशीलता, सत्य पर आधारित होने से, जीव-मात्र को ही नहीं, समूचे परिवेश को, ब्रह्माण्ड मात्र को आत्मीय सन्दर्भों में अस्तित्व का अंग मानती है । समूचा ब्रह्माण्ड चैतन्य से पूर्ण है । संतों की दृष्टि में जड़-चेतन में जीव-अजीव का अंतर तो है तथाकथित जड़-चेतन का अंतर नहीं । जड़ वस्तुओं, पदार्थों में भी न्यूनाधिक चेतना विद्यमान है । जो स्थापनाएँ आधुनिक विज्ञान ने पिछले दो-ढाई सौ वर्षों में की हैं उनकी स्थापनाएँ संतों ने पाँच-छः सौ वर्षों पूर्व अपनी वाणी में सहज ही कर रखी हैं । संत दादू दयाल कहते हैं :

सरवर भरया दह दिसि पंछी प्यासा जाई ।
दादू गुरु परसाद बिन, क्यों जल पीवै आई ।।

समूचा ब्रह्माण्ड दसों दिशाओं से ब्रह्मचेतनारूपी जल से भरा हुआ है किन्तु / तो भी इस तालाब से मनुष्य जीवरूपी पक्षी प्यासा ही जाता है । केवल गुरु के कृपापूर्ण ज्ञानरूपी परसाद से लाभान्वित हो कर वह इस ब्रह्मजल को पी कर अपनी प्यास बुझा सकता है, अन्यथा नहीं । इस तथ्य को कबीर इन शब्दों में रखते हैं :

जल विच मीन प्यासी ।
मैं नू सुन-सुन आवै हाँसी ।।

जल में रहती हुई भी मछली प्यासी रहती है इस बात पर मुझे हँसी आती है । यहाँ भी पुनः ब्रह्मजल और जीव-मछली के रूपक के माध्यम से बात कही गई है । संत कवि मलूक पेड़-पौधों में प्राण-चेतना का उल्लेख बड़ी मार्मिकता से करते हैं और मनुष्य-प्राणियों के समतुल्य संवेदनशीलता का उल्लेख करते हैं :

हरी डार मत तोड़िये, लागे छूरा बाण ।
दास मलूका यों कहे, अपना-सा जिव जान ।।

स्पष्ट ही हरी टहनी, जीवन्त वृक्ष का जीवित अंग है । उस टहनी को तोड़ने से वृक्ष को भी ऐसी ही पीड़ा होती है, जैसे किसी मनुष्य प्राणी को वक्ष में छुरा या बाण लग जाने से होती है । अतः वृक्षों में भी हमें अपने जैसा जीव मानना चाहिए ।

कबीर को भी आज अधूरे मन से, आधे-अधूरे रूप में लिया जा रहा है । भारतीय परिवेश में मार्क्सवाद जैसे आधुनिक दर्शन की विफलता और अप्रभावीकरण का यही सबसे बड़ा एवं ज्वलंत कारण है । यही दशा अन्य विचार-दर्शनों, विचारधाराओं की है । सनातनी पूरा सनातनी नहीं, आर्यसमाजी पूरा आर्यसमाजी नहीं, कबीरपंथी तक, व्यवहार में पूरा कबीरपंथी नहीं, अतः एक व्यापक ढोंग छाया है । देखने में आ रहा है, हर कहीं । चाहे मार्क्स के नाम पर हो चाहे सनातन धर्म के नाम पर, चाहे आर्य समाज के नाम पर या कबीर पंथ के नाम पर ।

जबकि कबीर अपने समय में मरणांतक एवं आत्मिक-पीड़ा तक मूल्य चुका कर अपने विचारों को जीते हैं । प्रमाणित करते हैं । काशी से, अपने जीवन के उत्तरार्द्ध में, मगहर चले जाने की उनकी पीड़ा से सब अवगत हैं । काशी नगरी तीर्थराज मानी जाती रही है । वहाँ ढोंग, छल के रहते भी एक आध्यात्मिक-संस्कारों का वातावरण था, जो मगहर में नहीं था । क्योंकि कबीर तीर्थों के दर्शन, स्नान, पूजन आदि के व्याप्त ढोंग के कारण, इनके विरुद्ध थे, इसलिए अपनी वाणी में आत्म-दर्शन, आत्म-प्रक्षालन, आत्म-पूजन की ओर लोगों को मोड़ना चाहते थे । आत्म-सजग करना उनका सबसे बड़ा उद्देश्य था । उन्हें यही अभीष्ट था । इसलिए वे तीर्थों के मात्र बाहरी दिखावे, ढोंगी आचरण के विरुद्ध बोलते रहे । लोग बाहरी, चर्म-चक्षुओं के-से दीखने वाले पत्थर मिट्टी के देवी-देवताओं को पूजते, तीर्थाटन करते उन्हीं स्थूल, बाहरी बुतों-पुण्यों तक रुके हुए हैं । पंडे-पंडित और धार्मिक क्रियाकलापों में लगे तथाकथित धर्माचारी वास्तव में बाह्यचारी और कदाचारी बने हुए हैं स्वयं भी, और उन्होंने अपने स्वार्थों और अंधविश्वासों, अंध-परम्पराओं में लोगों को भी आगे बढ़ने से रोक रखा है । बाह्य स्थूल मंदिरों-बुतों-तीर्थों से आगे बढ़ कर मन-आत्मा के आयामों में बढ़ने से रोक रखा है । एक तरह से वे समाज के प्रति जाने-अनजाने (आज के वृहत्तर नालायकी के समय में) अयोग्यतावश, अपराधी

हैं । क्या ऐसा ही अपराध पढ़े-लिखे, विचारवान लोग नहीं कर रहे ?

जातिवाद का और अधिकारीवाद का रोग हिन्दू समाज को राजरोग की तरह क्षय के मार्ग पर तेजी से लिये जा रहा है । यह रोग अधिक घातक है पर असाध्य नहीं । इससे जितनी जल्दी यह समाज मुक्त हो जाये और अछूत, अस्पृश्य कहे जाने वालों से इस निर्लज्ज बर्ताव से सामूहिक रूप में क्षमा याचना करे और भविष्य में सामाजिक, धार्मिक आत्मीय समानता का भरोसा दिलाये तो कबीर की वाणी का वास्तविक सम्मान होगा । संतों के दाय का शिरोधार्य होगा । अन्यथा अपने दोहरे आचरण-कथनी-करनी में भिन्नता के चलते दुराचरण के वह नयी शताब्दी में विश्व में सबसे पिछड़ा हुआ समाज रह जायेगा, काल तो आगे बढ़ जाएगा, हिन्दू समाज अपनी विश्व की सर्वश्रेष्ठ विचारधारा और जीवनादर्शों के रहते, विश्व नेतृत्व की काल्पनिक उड़ानों के सहारे कहीं पहुँच नहीं पाएगा ।

इस मुद्दे को विश्व राजनीति के परिप्रेक्ष्य में भी यदि देखें तो भी भारत के बाहर के बौद्ध धर्मावलम्बी देशों की सामूहिक शक्ति को एकत्र करना अपने ही वृहत् स्वरूप-विराट रूप को पुनः सुगठित-संगठित करना होगा । संकुचित, अनीश्वरवाद के विचारों के अधीन भारतीयों ने अपने ही महापुरुष महात्मा बुद्ध को और बौद्धों को इतिहास के जिस प्रवाह में पृथक् मान लिया था, उस महाभूल को सुधारने का यही उचित अवसर है । कबीर की छः सौवीं शताब्दी मनाने के साथ ही समूची मानव जाति नयी शताब्दी—इक्कीसवीं शताब्दी में पदार्पण करने जा रही है । भले ही भारतीय कालगणना के अनुसार हमारे लिए यह कोई विभाजक या प्रभावकारी घटना न हो, किन्तु इक्कीसवीं शताब्दी ईसवीं सन् के अनुसार हमारे कार्य, व्यवहार और हमारे मौजूदा संसार को तो कालबोध का छोर पकड़वाने जा रही है । कबीर से शब्द उधार लेते हुए कहा जा सकता है : 'अब के चूके न जुड़े, दूर पड़ेंगे जाई' ।

आधे-अधूरे मन, सोच और दृष्टि से कबीर को लेने से ही हमारे ढोंगी वर्तमान की समस्याएँ बढ़ रही हैं । यही स्थिति लेकर हम नयी सदी में जा रहे हैं । अन्यथा कबीर और कबीरी पूरी परम्परा—संत-परम्परा आज भारत का और विश्व का कल्याण कर सकती है । राष्ट्रसंघ भी आज तक मनुष्य और उसके परिवेश को खंडों में, अंशों में देखता है, इसलिए कभी पर्यावरण दिवस-वर्ष, कभी वृद्ध-वर्ष, कभी बाल-वर्ष, कभी नारी-वर्ष मनाता है । पूरे मनुष्य-समाज-परिवेश को एक अखंड इकाई के रूप में, वह भी चैतन्य इकाई के रूप में कभी नहीं लिया गया । कभी ऐसे सोचा ही नहीं गया । इसलिए नये-नये शस्त्रास्त्र, शोषण की नीतियाँ, पर्यावरण दोहन, विनाशीकरण की बाज़ारी पद्धतियाँ विकसित और लागू की जाती हैं । देश से लेकर विश्व-स्तर तक ढोंगियों, स्वार्थियों, हत्यारों, बदमाशों, आधी-अधूरी सोच वाले चतुर सुजानों को लक्षित किया जा सकता है । जबकि कबीर अंध-विचारवानों, अमानवीय सोचवालों, रूढ़िवादियों, गैर-बराबरी वालों के लिए विष हैं, वे कबीर को लेते ही मर जायेंगे । अन्यथा कबीर अपने आप में

समूचा अमृत-कुंड हैं । पूरा विश्व जी जाये कबीर के रास्ते पर चल कर, आज कबीर पर भी, बाज़ारवादी दृष्टि से सोचने वाले कब्जा करने की होड़ में लगे हैं । कबीर के विचारों को पूरा पाने, पचाने और मानव समाज को बनाने में नहीं । उन्हें शायद भरोसा भी नहीं कि कबीर समूची आग हैं जो रूखी-सूखी-निर्दयी संवेदना-शून्य घास-फूस को जला कर राख कर देती है । अन्याय के महलों को भी विनष्ट कर देती है । शोषण एवं अत्याचार के प्रासादों को राख का ढेर बना देती है । आज जरूरत निष्ठावान, पूरा सोच और विश्वास के कबीरपंथियों की है । उनके संगठित होने की है । उनकी नहीं जो कबीर के नाम पर स्वयं को पुजवा रहे हैं, या कमा-खा रहे हैं । ऐसे मठाधीशों को स्मरण रखना चाहिए कि कबीर दोधारा शस्त्र हैं । सामने वाले को तो काटता ही है, असावधान, नकली और कायर को भी काट कर फेंक देता है ।

❑

ज्ञान के अस्त्र से :
कबीरी-परम्परा ने लड़ी दलितों की लड़ाई

इस धरती पर भारतीय लोग ही ऐसे हुए हैं, जिन्होंने ज्ञान को भगवान माना है । ईश्वर माना है । किन्तु आज वही भारतीय ज्ञान की ओर पीठ किए बैठे हैं, अज्ञान के अंधकार में डूबे हुए हैं । इससे बड़ी मूर्खता का कोई आयाम नहीं होता कि स्वयं को धार्मिक-अध्यात्मवादी मानते हुए भारतीय लोग ही ईश्वर-विमुख हैं, बल्कि कहना चाहिए ईश्वर-विरुद्ध हैं । यही सबसे बड़ा ढोंग है, यही सबसे बड़ी जातीय विडंबना भी । वेदों का बड़ा उल्लेख करते हैं भारतीय विद्वान, हर श्वास में वेदों का प्रमाण । हर समस्या में 'वेद' ही समाधान । एक अर्थ में ठीक ही है; क्योंकि वेदों में संगृहीत ज्ञान कोई, अचानक पैदा हुआ ज्ञान नहीं, बल्कि पूर्व की अनेक सदियों में मानव जाति द्वारा कमाया हुआ, अनुभवसिद्ध शुद्ध ज्ञान था, समग्र ज्ञान था । चार वेदों में उसे सुविधा और समझ की दृष्टि से क्रमिक विकास में अर्जित और संगृहीत किया गया था । इसी आशय की पुष्टि होती है जब हम ऋग्वेद को प्रथम और सबसे प्राचीन ग्रंथ मानते हैं, और यह भी मानते हैं कि 'वेद' शब्द का अर्थ ज्ञान होता है । यानी समग्र-सम्पूर्ण ज्ञान । यह ज्ञान तब भी अध्यात्म ज्ञान ही माना जाता रहा है और आज भी यदि ज्ञान के अनेक भेद-उपभेद, रूप और पक्ष उभर आए हैं और भौतिकी, रसायन, खगोल आदि के अनेक ग्रंथ उपलब्ध हैं तो भी ऐसा नहीं मानना चाहिए कि यह 'भौतिक' ज्ञान ही वास्तविक ज्ञान है । दुःखद यही है कि 'अध्यात्म' से काटकर मात्र भौतिक आधे-अधूरे ज्ञान को ही ज्ञान (पूर्ण ज्ञान) माना जाने लगा है, जबकि भौतिक पक्ष भी मूल ज्ञान अर्थात् अध्यात्म का ही बाहरी विस्तार है । मानवी सृष्टि के विकास का प्रथम सोपान और उत्स, भारतीय संस्कृति के मूल सिद्धांत का प्रथम चरण-अध्यात्म है । बाहरी विकास-सभ्यता और उसका विस्तार है । देह के अंतर-आयाम-आत्म की ही विभिन्न ललित क्रियाएँ संस्कृति कहलाती हैं चाहे कविता हो, नृत्य हो, संगीत हो या अन्य कलाएँ ।

आज जैसे आत्म को, अंतर-आयाम को, भुला दिया गया है; ऐसे ही परम-आत्म आयाम को भुलाकर मात्र बाहरी-भौतिक-एकांगी-अधूरे ज्ञान को ही सर्वस्व मान लिया गया है । वह भी भारत जैसे अध्यात्म देश में । भाव, भावना और भक्ति के देश में, पश्चिम में हो तो कोई आश्चर्य नहीं, वे बौद्धिक-भौतिक विस्तारों को केन्द्र मानकर चलते

हैं । भारत 'भव' (के केन्द्र-हृदयों) को केन्द्र मानता है । इन अर्थों में हम भारतीय लोग भी मात्र भौतिक-बौद्धिक अधूरे ज्ञान को सर्वस्व मान कर अज्ञान के अंधकार में डूबते चले गए हैं । ऐसा नहीं कि इसका कभी प्रतिकार नहीं किया गया । प्रतिकार भी हुए हैं, कई-कई बार हुए हैं । वर्तमान के अज्ञानांधकार को हम पश्चिमी सभ्यता-संस्कृति के प्रभावों के लेखे रेखांकित करते हैं, किन्तु पूर्व युगों में भी भौतिकता-प्रधानता के, नास्तिकता के अनेक प्रमाण-दौर मिलते हैं । उनके प्रतिकार भी हुए हैं । वर्तमान दौर अधिक गहरे संकटों और संश्लिष्ट स्वरूप वाला है । वर्तमान जैसा अंधकार पहले कभी नहीं घिरा । यह अँधेरा बहुमुखी, बहुरूपी है । त्रेता युग में रावण के रूप में 'दशमुखी' था, द्वापर में कंस के रूप में ग्वाल-बाल-चरवाहा संस्कृति को विनष्ट करने और आंतक-अत्याचार के 'स्वेच्छाचारी चरित्र' वाला अधिक व्यापक था, तो वर्तमान में अंदर-बाहर के अतिशः व्यापक 'शतमुखी अंधकार' के सामने हैं हम । 'अनेक आयामी' है यह अंधकार । कहीं जाति-भेद, छुआछूत, सांप्रदायिक स्वरूपों वाला है, तो कहीं भाषा, प्रांत, वर्ण, वर्ग वाला; कहीं एक ही सम्प्रदाय में शिया, सुन्नी; तथा हिन्दू, सिख, बौद्ध, जैन के बनावटी विभाजनों-तनावों वाला है । और तो और, इन सबके अलावा मनुष्य के भीतर ही स्वार्थ, लोभ, अहंकार, मोह के अनेक बे-रोक बढ़ते अँधेरे वाला । जाति-सम्प्रदाय, ऊँच-नीच के आधार पर मनुष्य-मनुष्य में भेद करना हर दृष्टि से अपराध है । मध्ययुग में इन अनेक अंधकार-अज्ञान रूपों का विरोध किया संतों ने । कबीर, नानक, दादू, रैदास, मलूक, सहजोबाई आदि संतों की सुदीर्घ परम्परा ने इस अज्ञानांधकार को मिटाने की चुनौती दी । इस चुनौती के पीछे पुनः उनके पास अध्यात्म ज्ञान का सबल आधार था । मनुष्य के भौतिक जगत को सँवारने-सुधारने की चिंताएँ थीं, तो साथ ही अध्यात्म का, पूर्ण-ज्ञान का चिंतन भी था ।

इस सन्दर्भ में, संतों के संसार में झाँकें तो पाएँगे कि हमारे मानवी संसार के बाहर कुछ भी नहीं । हमारा ब्रह्मांडीय संसार ही वास्तविक संसार है । यहीं स्वर्ग-नर्क है । हमें इसी संसार को स्वर्ग (आनंदपूर्ण) बनाना है । इतना ही नहीं पशु-पक्षी, वनस्पति, पत्थर-पहाड़, धरती, आकाश सब चैतन्य है, ब्रह्ममय है । यह ऐसा सरोवर है जो दसों दिशाओं से चैतन्य जल से भरा है :

सरवर भरिया दह दिसि । (दादू)

इसी धरती और विश्व को सँवारने-सँभालने की चिंताएँ एवं चिंतनाएँ ही संतों की वाणी में मुखर हैं । संतों ने प्रेमभाव, भक्तिभाव, दयाभाव, सद्भाव आदि की बात सदा की है क्योंकि 'प्रेम भाव' ही मनुष्य होने की, उसकी श्रेष्ठता की, कसौटी है, प्रमाण है । उत्कृष्टता का प्रमाण भी है । विचार से भी श्रेष्ठ है भाव । कारण ! विचार का जन्म भाव के गर्भ से होता है । विचार की प्रकृति विश्लेषणवादी, तर्कप्रधान पृथक्कीकरण की होती है । विचार के धरातल पर भेद-बुद्धि अधिक सजग-सक्रिय रहती है । स्वार्थमयी, ऊँच-नीच की भेदभाव वाली विचारधारा इसी से जन्म लेती है । परन्तु भाव और भावना

हृदयगत स्थिति रखते हैं इसलिए आदिम और आदि तथा आंतरिक आयाम वाले हैं—आत्मीय स्तरों पर कहीं भेद नहीं है । हृदय की द्रवित अवस्था—भाव और भावना की दशा है । इसी कारण दादू कहते हैं :

दादू भावहीन जे पिथमी, दया बिहूणा देस ।
भगति नहीं भगवंत की, तहँ कैसा परवेश ।।

संतों की वाणी में जो विचार आए हैं वे भी समतामूलक हैं । सद्भाव, आत्मभाव के गर्भ से पैदा हुए हैं । उनमें समाहित चेतना लोकवादी और समतामूलक है । संतों का सारा सोच आत्म-परमात्म की दिशाओं वाला होने से कहीं, किसी प्रकार का भेद नहीं मानता । बाहरी, आर्थिक, सामाजिक संघर्ष के विचार उनकी वाणी में नगण्य हैं । दादू के उक्त कथन में स्पष्ट उल्लेख है कि जिस धरती पर, धरती के लोगों में, प्रेमभाव नहीं है आत्मवत भाव नहीं है और जो दयाभाव से भी रहित है, भगवान की भक्ति का भाव भी नहीं है, वहाँ जाना व्यर्थ है । वहाँ क्या जाना ?

इस आत्मवत भाव को, आत्मीय समकक्षता की भावना को, संतों ने नैतिकता के साथ भी जोड़ दिया । मानवीयता, आत्मीयता से रहित होना ही अनैतिकता है । उनकी नैतिक भावना भी बड़ी पारदर्शी और उदात्त है । प्रेम, दया, सहजता को जहाँ इन्होंने नैतिकता के स्तर तक उठा दिया है, वहीं जातिगत ऊँच-नीच के विचारों को, आडम्बरपूर्ण आचरण को अस्वीकार किया है, अनैतिक मानकर इनका तिरस्कार किया है । कबीर का कथन, इस सन्दर्भ में द्रष्टव्य है :

मेरे संगी दोइ जणां, एक वैष्णों एक राम ।
वो है दाता मुकति का, वो सुमिरावै नाम ।

रामभक्त—वैष्णों और राम—बस ये दो ही सच्चे साथी हैं संघाती हैं । राम यदि मुक्ति देने वाला है — आनन्द से भरने वाला है तो वैष्णों उस राम का स्मरण कराने वाली है, सत्संगी है । किन्तु जहाँ आचरण की शुद्धि नहीं, राम के नाम पर ऊँच-नीच है, वैष्णव होते हुए भी दुराचरण है, कबीर उस वैष्णों को भी त्याज्य मानते हैं :

दुराचारी वैष्णों बुरा, हरिजन तहाँ न जाइ

इन मध्ययुगीन संतों—नामदेव, कबीर, नानक, रैदास, दादू, रज्जब, मलूक, सधना, सहजोबाई आदि ने अनेक सामाजिक बुराइयों का अति मुखर विरोध किया है । वर्ण-व्यवस्था, जाति-पाँति और सम्प्रदायगत भेद-भाव का विरोध बड़ी सटीक तर्कशीलता से किया है जिसके आगे उन्हें निरुत्तर कर दिया है; बल्कि कई जगह पर तो ऐसे लोगों की स्थिति हास्यास्पद बना दी है । कबीर की उक्ति में कैसी प्रहारक शक्ति है :

जो तूं बाभन बाभनी जाया, तौ आन राहै काहे ना आया ।
जो तूं तुरक तुरकनी जाया, तौ भीतर खतना क्यों न कराया ।

संतों ने अपने-अपने सम्प्रदाय की सीमाओं को भी स्वीकार नहीं किया । तत्कालीन परिस्थितियों में मुस्लिम समाज में ऊँच-नीच का भेदभाव कम ही था, क्योंकि सामाजिक दृष्टि से प्रत्येक मुसलमान बराबर का दर्जा रखता था, किन्तु हिन्दू समाज में एक हिन्दू तथाकथित उच्च और दूसरा निम्न स्तर का माना जाता था । शूद्रों के लिए मंदिर-प्रवेश निषेध था । तथाकथित उच्च वर्ग के लोगों द्वारा उन पर अपमानजनक अत्याचार किये जाते थे । संत नामदेव को छीपी जाति का होने के कारण एक बार मंदिर से बाहर निकाल दिया गया । इस घटना का उल्लेख संत नामदेव ने अपने एक पद में इस प्रकार किया है :

हँसत खेलत तेरे देहरे आया, भक्ति करत नामा पकरि उठाया ।
हीनड़ी जाति मेरी याद कराया, छीपे को जन्म काहे को आया ।।

भगवान से शिकवा करते हुए नामदेव कहते हैं कि हे प्रभु, द्वार से इस प्रकार अपमानित कराकर यदि उठवाना था तो छीपे का जन्म ही क्यों दिया । ऐसी नीची जाति में जन्म तो तुमने ही दिया । ऐसी हीन जाति तेरी ही दी दुई है । मैं तो हँसता-खेलता तेरे देहरे-द्वारे पे आया, मेरा तो कोई दोष नहीं था इसमें । तुम्हारी भक्ति करने ही पहुँचा था। इन शब्दों के माध्यम से नामदेव और नामदेव के द्वारा उन सभी की पीड़ा बोल रही है जिन्हें ऐसी स्थितियों में ऊँची समझी जाने वाली जातियों के हाथों उत्पीड़ित होना पड़ता है ।

संत तुकाराम भी शूद्र माने जाने की पीड़ा से त्रस्त देखे गए हैं । उनकी वाणी ही साक्ष्य है । बचपन में ही माता-पिता के देहान्त के अतिरिक्त 'अन्न-अन्न' की पुकार करती भूख से व्याकुल हो पत्नी भी चल बसी, अकाल की मार, भूख और अपमान का वर्णन स्वयं कर रहे हैं तुकाराम :

जाति शूद्र वंश किया व्यवसाय ।
आदि जो है देव कुल पूज्य ।।
प्रपंच-दुःख से अति दुःखी भया ।
जैसे पिता-मैया चले गए ।।
अकाल से सूखा द्रव्य गया मान ।
कहते 'अन्न-अन्न' स्त्री मर गई ।।

तत्कालीन समाज में ब्राह्मण वर्चस्व के फलस्वरूप शूद्र मानी जाने वाली जातियों का अपमान, सामाजिक वैषम्य की वेदना, माता, पिता, पत्नी, पुत्र की मृत्यु, निर्धनता और भूख से होने वाली पत्नी की दारुण मृत्यु के प्रहारों से तुकाराम को वैराग्य लेने को विवश कर दिया । उनकी वाणी में उक्त सन्दर्भों के सम्मिलित कारुणिक स्वर हृदय को विदीर्ण करने वाले हैं । उनके जैसे संवेदनशील व्यक्ति को आत्मिक उत्पीड़न देकर, उनके मन में असुरक्षा की भावना भरने वालों का उल्लेख किया है तुकाराम ने ।

संत दादूदयाल की वाणी में स्वयं के लिए 'कमीन' और 'पिंजारा' शब्दों का प्रयोग मिलता है तथा उनके शिष्य रज्जब ने भी 'धुनी ग्रभे उत्पन्नो दादू योगंद्रो महामुनिः' कहकर इन्हें धुनिया लिखा है । दादूपंथी भक्तों-विद्वानों द्वारा इस तथ्य को स्वीकार नहीं किया जाता । तो भी यह सच है कि संतों ने जाति-पांति का विरोध किया और अधिकांश संत निम्न जाति कुल के थे । इसे उन्होंने किसी भी प्रकार हीन नहीं माना, बल्कि अपनी वाणी में सगर्व अपनी जाति का उल्लेख किया है । यही नहीं दादू ने जहाँ स्वयं के लिए लिखा :

कौन आदमी कमीण विचारा, किस कौ पूजै गरीब पिंजारा ।

तथा

तहाँ मुझ कमीन की कौन चलावै ।

अपने समय के समाज में जातिगत ऊँच-नीच की विभीषिका के विरुद्ध कबीर की भाँति ही गुरु नानकदेव ने न केवल अपनी वाणी से तीखे प्रहार किए, बल्कि उपाय के रूप में आत्मीय समकक्षता दर्शाते हुए भागो (धनिक) के भोजन को अस्वीकार कर लालो (निर्धन-श्रमिक-निम्नजातीय) के भोजन को स्वीकार कर सत्कार दिया । एक पंक्ति में बैठकर लंगर गुरु-परसाद प्राप्त करने की पद्धति के बीज रोप दिए । जहाँ गुरु के घर में गुरुद्वारे में सब समान होते हैं । यह एक सर्वाधिक क्रान्तिकारी कार्य था उस समय की जाति-व्यवस्था को तोड़ने के लिए । नानक जबकि स्वयं खत्री (बेदी) जाति के किसानी से जुड़े परिवार से थे किन्तु उन्होंने भारतीय-हिन्दू समाज में निम्नजातीय लोगों की दुर्दशा, अपमान से विह्वल हो कर बड़े कटु शब्दों का प्रयोग किया, ऊँची जाति के घमंड में चूर लोगों को लताड़ा और स्वयं को तथाकथित नीची मानी जाने वाली जातियों के संग-साथ होने का भरोसा दिलाया :

नीचां अंदिर नीच जाति नीची हू अति नीचु ।
ननकु जिनके संगि साथि वडिआ सिउ किआ रीस ।।
जिथै नीच समाली अनि तिथै नदरि तेरी बखसीस ।।....
नानक उतमु नीचु न कोई ।।....
जायाहु जोति न पूछहु जाति ।
आगै जाति न हे ।

उक्त उद्धरणों में नानक कहते हैं कि नीच जातियों में जो नीच हैं और उन नीचों में भी जो बहुत ही नीच हैं; उनसे मेरा अधिक गहरा सम्बन्ध है, साथ है । बड़ों से मेरी क्या तुलना, क्या साथ ? परंतु जहाँ नीच लोगों की देखभाल, सँभाल होती है वहाँ उन लोगों पर, ऐ भगवान, तुम्हारी कृपादृष्टि रहती है । नानक का दृढ़ विश्वास है कि मनुष्य जाति में कोई भी न तो उत्तम है और न ही कोई नीच है । प्रत्येक को दूसरे मनुष्य में प्रभु की ज्योति को ही देखना चाहिए, उसकी जाति नहीं पूछनी चाहिए । ज्योति ही मृत्यु

के बाद हमारे साथ रहती है, जाति नहीं रहती । अतः जाति-पाँति के भेद को मानना भगवान-विरोधी कार्य है । वह आस्तिकता नहीं, बल्कि नास्तिकता है । वहीं मनुष्य मात्र के वास्तविक कुल-गोत्र-जाति-संबंधियों आदि का इस प्रकार वर्णन किया है कि मेरे और प्रत्येक मनुष्य के सच्चे सम्बन्ध तो ईश्वर से हैं और इसी परिवार का मैं सदस्य हूँ । जिसने संसार की रचना की है, वही अकेला सबका सगा है । मन, वचन, और कर्म से सभी को उस परम-परमेश्वर की ज्योति के स्वरूप का ध्यान करना चाहिए, जिससे हम सबका नाता है । देह और समाज के सम्बन्ध यहीं रह जाने हैं, क्योंकि ये झूठे हैं, हमारे द्वारा बनाए हुए हैं, ज्योति ही को आगे की यात्रा करनी है । आत्मा को ही भावी यात्रा पर जाना है ।

इतना ही नहीं, संतों ने जातिभेद-ग्रसित समाज में निर्धनता, भूख, बेहाली को आर्थिक संघर्ष के रूप में भले ही नहीं उठाया परन्तु ऐसे संदर्भों को वाणी में स्थान ज़रूर दिया है । इससे व्यंग्यार्थ की मार से धनिक उच्चवर्गीय लोग बच नहीं पाए । संत मलूकदास से पूर्व कबीर, रैदास ने 'भूखों की आह की मार' के उल्लेख तो किए ही हैं, किन्तु मलूक सीधे ही कहते हैं :

भूखहिं टूक, प्यासेहिं पानी ।
एहि भगति राम मन मानी ।।

भक्ति की ऐसी सरल, दो टूक परिभाषा सम्भव ही नहीं हो सकती । संत गरीबदास के शब्दों में छिपी आर्त ध्वनि भी यही कहती है :

रोटी माता रोटी पिता, रोटी काटै सबकी व्यथा ।
दास गरीब कहै दरवेशा, रोटी बाँटो सदा हमेशा ।।

इस सबके बावजूद संत रैदास का विश्वास है कि अपनी शरण में आने वाले को ईश्वर ऊँचा उठा देता है : 'नीचहुँ ऊँच करे' । रैदास को एक ओर स्पष्ट ही अपनी जाति के ओछा (नीची) होने का पूरा अहसास है परन्तु मन में ज़रा-सा भी मलाल नहीं, क्योंकि उन्हें पता है कि उच्चतम (भगवान) ने उसे अपनी शरण में ले लिया है । इतना ही नहीं उन्हें पता है कि अन्य संत भी प्रभु की कृपा से भव-सागर से तैरकर पार उतर गए हैं :

नामदेव, कबीर, त्रिलोचन, सधना, सैन तरै ।

और इन सबकी जाति नीची थी—छीपा नामदेव, जुलाहा कबीर, नाई सैन, जाट धन्ना तथा इन सबसे बढ़कर चमार रैदास ने अमर पद पाया है, क्योंकि राजा रामचन्द्र की सरन में आ गए :

मेरी जाति कमीनी पांति कमीनी ओछा जन्मु हमारा ।
तुम सरनागति राजा रामचन्द कहि रविदास चमारा ।।

इन संतों ने असीम उपेक्षा, अपमान, दरिद्रता, भूख देखने-भोगने के बाद भी मनुष्य

और प्राणिमात्र के लिए अटूट धैर्य, आस्था, विश्वास, आत्मसम्मान के ऐसे उदाहरण प्रस्तुत किए हैं, जो विश्व-साहित्य में अनुपम हैं । इस संसार में किसी भी देश, जाति में ऐसे उदाहरण दुर्लभ हैं । व्यक्ति की और समाज की मुक्ति सबके साथ सम्मिलित रूप में स्वीकार करने पर, हाथ के काम को भगवान की सच्ची पूजा मानकर, मन को गंगा जैसा निर्मल बनाकर मनुष्य भगवान से भी बड़ा हो सकता है । यह कोई अचंभा नहीं, न गर्वोक्ति, बल्कि सहज-स्वीकृत, अनुभूत सत्य का विनम्र कथन :

कबीरा मन निर्मल भया, जैसे गंगा नीर ।
पीछे पीछे हरि फिरै, कहत कबीर-कबीर ।।

कितना ही दुर्लभ और कितना ही कठिन क्यों न हो मन को गंगा की निर्मलता देना, किन्तु एक बार ब्रह्मज्ञान में निष्ठा और ब्रह्मांड के समूचे चैतन्य होने में श्रद्धा हो जाए तो इस ज्ञान के सहारे ईश्वरत्व की उपलब्धि संभव है, तब हरि भी पीछे-पीछे घूमता फिरता है । संत रैदास के शब्दों में :

संत अनंतहि अंतरु नाँहि ।

केवल संत ही वह स्थान प्राप्त कर सकता है, ईश्वर की बराबरी का, क्योंकि वह अवयक्त सत्ता के साथ अपना अपूर्व रागात्मक सम्बन्ध जोड़ सकता है । यही योग का स्तर है । संत मलूकदास भी इसी तथ्य का सत्यापन कर रहे हैं । बल्कि कबीर और रैदास से भी दो कदम आगे :

माला जपौं न कर जपौं, जीभ्या कहूँ न राम ।
सुमिरन मेरा हरि करै, मैं पायो विश्राम ।।

इस धरती पर मनुष्य के आध्यात्मिक चरम उत्कर्ष के द्वार खोलने वाले, सबको यह मुक्ति-मार्ग दिखाने वाले हमारे संतों ने किन्हीं भ्रमों, अंध-श्रद्धा के कुहासों से ढँके मत-मतांतरों, घृणा-सने सांप्रदायिक विश्वासों का सहारा नहीं लिया; बल्कि इन्हें अपने गहन मानवतावादी तर्कों से निर्मूल किया और सर्वत्र 'एक ज्योति' के प्रकाश, अध यात्म-चेतना के विराट रूप के आधार पर प्राणीमात्र के लिए आत्मवत पीड़ा, मानवीय सच्ची संवेदनशीलता का मार्ग दिखाया है । क्या आज के विद्वान या सामाजिक कार्यकर्त्ता जातिवादी घृणा के एकांगी उपायों, कार्यों में इन संतों के विचारों से सहायता लेना चाहेंगे, जिन्होंने पाँच-छह सौ वर्ष पूर्व इस लड़ाई को आरम्भ किया, अस्त्र गढ़े, रास्ता दिखाया ? इतना ही नहीं, प्रकृति के प्रति ऋग्वेदकालीन संवेदनीयता के, आत्मीयता के अद्वितीय प्रमाण मिलते हैं इन संतों की वाणी में, जो परोक्ष रूप में धरती के समूचे अस्तित्व के चैतन्य को बचाने में लगे हैं, संत मलूकदास कहते हैं :

मलूका सोई पीर है, जो जाने पर पीर ।
जो पर पीर न जानइ सो काफिर बे-पीर ।।

यह कथन कितनी बड़ी गहरी व्याप्ति लिए है । अपने से पृथक् 'पर' की पीड़ा को जानना ही पीर, पैगंबर, संत, औलिया, धार्मिक होने की पहचान है, जो पराई पीड़ा को नहीं जानता, उस पीड़ा से नहीं जुड़ता वह काफिर है । बे-पीर अर्थात् नगुरा है । इस 'पर' की सीमा, मात्र मनुष्यों तक ही नहीं उतरती, बल्कि पशु, पक्षी, वृक्ष, वनस्पति तक जाती है । तभी मलूक की यह साखी देखें क्या कहती है :

हरी डार मत तोड़िए, लागै छूरा बाण ।
दास मलूका यों कहे, अपना-सा जिव जान ।।

वृक्ष की हरी टहनी तक न तोड़ने को कह रहे हैं मलूक, उसे तोड़ने से ऐसी पीड़ा होती है वृक्ष को, जैसे छाती में छुरा या बाण लग गया हो, इससे जो पीड़ा मनुष्यों को होती है वैसी ही पीड़ा वृक्ष को टहनी के टूटने से होती है । इसी तरह का भाव कबीर ने भी व्यक्त किया है :

बकरी पाती खात है, वाकी काढ़ी खाल ।
जो जन बकरी खात हैं तिनको कौन हवाल ।।

बकरी, पशु होकर भी, जब हरे पौधों से पत्तियाँ खाती है, भले ही यह उसका स्वाभाविक भोज्य हो, परन्तु उसे इस कृत्य के लिए खाल खिंचवानी पड़ती है । परन्तु जो व्यक्ति समझ-बूझ होते हुए ज्ञान-विवेक के रहते हुए पेड़, पौधों को हानि पहुँचाते हैं—बकरी जैसे निरीह जीवों को मारकर उनका भक्षण करते हैं, उनकी क्या दशा होगी । वस्तुतः कबीरदास और उनसे पूर्व तथा बाद के सभी संतों का आग्रह संवेदनीयता, संवेदनशीलता (विद्-वेद-संवेद-संवेदन) के रहे हैं क्योंकि वे जानते रहे हैं कि मनुष्य में क्रूरता का भाव चाहे पेड़-पौधों के प्रति हो या पशु-पक्षियों के प्रति हो यही विकसित होता हुआ मानवों के प्रति भी इस्तेमाल होता है, और यही स्थिति पूरे विश्व में आज देखने को मिल रही है ।

अतः बुद्ध के समय में हम देखते हैं कि ब्राह्मणवाद के कारण जो कट्टरता कर्मकांडी कठोरता बरती जा रही थी, उससे हिन्दुओं का बहुत बड़ा हिस्सा अलग छिटक गया । जाति वर्गों के साथ उपजातियाँ बनने लगीं और इस क्रम का निर्बाध बढ़ते जाना ऊँच-नीच के भेद के रूप में सामने आया । उसी समय के आसपास अरबों के आक्रमण शुरू हुए और भारत के जाति-वर्ग विभाजित समाज की ऊँच-नीच की भेदभाव वाली धर्म-व्यवस्था का लाभ उठाते हुए अपने मुस्लिम सम्प्रदाय की 'समतावाद' वाली जीवन-पद्धति के द्वारा निम्न, उपेक्षित जातियों का धर्म-परिवर्तन करवाना सहज पाया । फिर मुस्लिमों में भी आर्थिक गैर-बराबरी बढ़ी । वर्ग बने किन्तु बाद में संतों ने मानवीय समता, मनुष्य और प्राणि जगत् की आत्मिक एकता-एकात्मकता की वेद-कालीन भावना का अनुसरण किया और मनुष्य मात्र की गरिमा बढ़ाई । जो जहाँ है श्रेष्ठ है । और श्रेष्ठ वही है जो आंतरिक उजास से, प्रकाश से भरा हुआ है । जिसका आत्म जीवित-जाग्रत है । इस

आत्म-जागृति में धन-मजहब, पूजा-पद्धति आड़े नहीं आती । जातिगत श्रेष्ठता का इससे कुछ लेना-देना नहीं है :

जात-पात पूछे नहिं कोई ।
हरि को भजे सो हरि का होई ।।

और हरि कहाँ नहीं है । समूचा ब्रह्माण्ड परम चेतना से भरा है । 'सरवर भरिया दह दिसि'—दसों दिशाओं से भरा-पूरा है यह ब्रह्माण्ड । हम भी उसी का अंग और रूप हैं । पानी में रहती हुई मछली जैसे उसे देख नहीं पाती, ऐसे ही हम भी ब्रह्म में रहते हुए भी उसे देख नहीं पाते । यह हँसी का कारण है :

पानी विच मीन प्यासी ।
मुझे सुन-सुन आवे हाँसी ।।

कबीर और कबीर के पथ का अनुसरण करने वाले बाद के संतों ने मनुष्य की मनुष्यता को जगाने, उन्नत करने, संवेदनीयता के उजाले से जड़ता के, भौतिकता के अँधेरे को काटने के बड़े सफल प्रयास किए हैं । कबीर ने तो यहाँ तक कह दिया :

शून्य मरै, अजपा मरै, अनहद हू मरि जाए ।
राम-स्नेही न मरै, रहा कबीर समुझाए ।।

यह रामस्नेही कौन है ? वह प्रत्येक व्यक्ति रामस्नेही है, जो जीवमात्र की चिंता करता है, रक्षा करता है । उसे आत्मीय सम्बन्धी मानता है । आदर देता है । ऐसा ज्ञान रखने वाला, व्यवहार करने वाला कभी नहीं मरता । अमर पद प्राप्त करता है । मुक्त हो जाता है ।

❑

कबीर की वाणी में पर्यावरणीय सरोकार

कबीर की वाणी को विद्वानों और कबीर के अनुयायियों ने अनूठी, अपूर्व, अभौतिक एवं पूर्ण कहा है । इसमें अवश्य ही अतिशयोक्ति हो सकती है किन्तु तथ्य उसे अनूठा ही सिद्ध करते हैं । क्योंकि उसमें मनुष्य की ही नहीं समूचे ब्रह्माण्ड की चिंता व्याप्त है, बिना किसी भी जैविक विभाजन के तो समूचे जीवन की हर क्रिया, धड़कन और अनुभूति की गहराई को व्यक्त करने के लिए परिवेश से ही उदाहरण, साक्ष्य, दृष्टांत, प्रतीक एवं रूपक जुटाए गए हैं । जिस जगत् को आज वैज्ञानिक खंडों में देखने के आदी हैं उसे कबीर सम्पूर्ण में देखते और दिखाते हैं । कहीं, किसी स्तर पर कोई विभाजन नहीं है । सम्पूर्ण ब्रह्माण्ड एक जैविक इकाई है । उनकी वाणी में यह अवधारणा मूर्त होकर सामने आती है 'यथा पिंडे तथा ब्रह्माण्डे' या 'यथा ब्रह्माण्डे तथा पिंडे' । फिर कुछ शेष नहीं, विभाजित नहीं, विभिन्न नहीं रहता । कबीरपंथियों का तो यहाँ तक कहना है :

जेते पत्र बनसपती
और गंगा की रैन ।
पंडित बिचारा क्या कहै,
कबीर कही मुख बैन । (बीजक-साखी 261)

कबीर-बीजक में (पृ. 20-21 पर) एक घटना के अनुसार सिकंदर शाह लोदी ने कबीर की महिमा को सुन कर उनसे न्याय, व्याकरण आदि विभिन्न शास्त्रों पर अपना मत लिखने हेतु हजारों गाड़ियों में काग़ज भरवा कर भेजा तो कबीर ने केवल एक स्थान पर 'राम' शब्द लिख कर उन्हें वापस भिजवा दिया । इस प्रकार केवल एक शब्द 'राम' के लिखने से सारा ज्ञान-विज्ञान, अध्यात्म-धर्म और धर्मों की व्याख्याएँ उसी एक में समा गईं ।

अतः जिसे आज वैज्ञानिक-विद्वान 'पर्यावरण' कहते हैं कबीर की दृष्टि में वह ब्रह्माण्ड का ही अभिन्न एक पक्ष है, परिवेश है । पत्र, पुष्प, पत्ती हो या पशु, पक्षी, पहाड़ हो या बूँद, कुआँ, नदी-नद, बावड़ी समुद्र हो या धरती, आकाश, नक्षत्र, सूरज चाँद हो—कबीर के लिए सब ब्रह्माण्ड चैतन्य इकाई के अंश हैं :

चौंसठ दीवा जोइ करि,
चौदह चंदा माँहि ।
तिहि घर किसकौ चाँदना,
जिहि घर गोबिंद नाँहि ।

जैसे किसी घर में कोई चौंसठ दीपक जलाए और चन्द्रमा अपनी चौदहों कलाओं से प्रकाशमान हो, परन्तु यदि उसमें गोविन्द का, ब्रह्म का वास नहीं तो कितने ही उपाय करो, वहाँ प्रकाश नहीं होगा । अँधेरा ही होगा ।

मनुष्य के भीतर का पर्यावरण हो—मानसिक-आत्मिक आयामों का या बाहरी पर्यावरण हो—सांसारिक-भौतिक आयामों का—दोनों ही कबीर की वाणी में चिन्ता के विषय हैं । पेड़, पौधे, पत्तों में छः सौ वर्ष पूर्व प्राण तत्त्व के होने की, मनुष्यों की भाँति साँस लेने दुःख-सुख तथा पीड़ा मानने की अवधारणा कबीर ने व्यक्त की और उन्हें नष्ट न करने की बात कही । बकरी और पौधे के दृष्टांत के माध्यम से उन्होंने कहा :

बकरी पाती खात है,
वाकी काढ़ी खाल ।
जो नर बकरी खात हैं,
तिनको कौन हवाल ।

अर्थात् बकरी पशु होने के कारण स्वाभाविक रूप में भी यदि किसी जीवित हरे-भरे पौधे से पत्तियों को खाती है तो इसकी बदौलत उसे अपनी खाल नुचवानी पड़ती है । किन्तु मनुष्य, सोच-समझ-विवेक के रहते हुए बकरी को मार कर उसे खाते हैं, उनकी क्या दशा हो सकती है, स्वयं ही अनुमान लगा लें ।

क्योंकि समूचा ब्रह्माण्ड ही एक पूर्ण इकाई है—ब्रह्ममय और चैतन्य है इस कारण जल की एक-एक बूँद भी चैतन्य-जल के समान है, कबीर कहते हैं :

हेरत हेरत हे सखी, रहा कबीर हेराई ।
बूँद समानी समुद्र में, सो कत हेरी जाई ।

भले ही मनुष्य के चैतन्य ज्ञान के महत्त्व को कबीर यहाँ प्रस्तुत कर रहे हैं कि आत्मज्ञान-सजग व्यक्ति पानी की उस बूँद की भाँति है, जो देह का अंत हो जाने पर ब्रह्मजल से पूरित सागर में समा जाती है, उसे पुनः ढूँढ़ना असंभव होता है । इसी तथ्य को उलट कर कबीर ब्रह्मवेत्ता महापुरुषों के अध्यात्म प्रकाश तथा विराट चैतन्य व्यक्तित्व को लक्ष्य करते हुए कहते हैं :

हेरत हेरत हे सखी,
रहा कबीर हेराई ।
समुद्र समाना बूँद में,
सो कत हेरा जाई ।

अर्थात् कितना ही मैं खोजता रहा, खोजते-खोजते थक लिया, किन्तु समूचा समुद्र ही बूँद में समा गया, उसे कैसे खोजा जा सकता है । समूची ब्रह्मचेतना को उपलब्ध संत लोग ऐसे ही धरती पर चलते-फिरते प्रेम रस के सागर हैं । गहन-गम्भीर समुद्र हैं । अथाह हैं ।

कबीर बादल प्रेम का, हम परि बरस्या आइ ।
अंतरि भीगी आत्मा, हरी भई बनराइ ।

कबीर कहते हैं कि सद्‌गुरु के बताए मार्ग पर चलने से प्रेम का बादल ही उमड़ कर हमारे ऊपर बरसने लगा । हमारी आत्मा तो भीगी ही, जीवनरूपी वनराजि भी हरी हो गई । आत्मा प्रसन्न और आनन्दित होने से रौंगटों पर भी प्रफुल्लता नाच गई । क्योंकि हरि तो प्रेम का सागर है । इसलिए :

कबीर राम ध्याइ लै, जिभ्या सौं हरि मंत ।
हरि सागर जिनि बीसरै, छीलर देखि अनन्त ।

कबीर कहते हैं राम का नाम जीभ से मंत्र की भाँति जप लें । प्रभु सागर के समान हैं अन्य देवी-देवता आदि तो छिछले तालाब और पोखर के समान हैं । इनकी खातिर सागर जैसे असीम-अगाध प्रभु को मत भुला देना ।

प्रेम की दशा के विपरीत विरह की दशा है । धरती पर और आकाश में पेड़-पौधे, जीव-जंतु में विरह भी बड़ी पीड़ा उत्पन्न करती है । कबीर कहते हैं :

अम्बर कुंजा कुरलियाँ, गरजि भरे सब ताल ।
जिन ते गोबिंद बीछुटे, तीन कौ कौन हवाल ।

आकाश में क्रौंच पक्षी अपनी प्रिया की विरह-वेदना से रो रहा है । इस पीड़ा से उसने सब तालाबों को भर दिया है । जब मात्र एक रात के वियोग से एक पक्षी की यह अवस्था हो जाती है, तो उस जीव का क्या हाल होगा, जो अनेक जन्मों से प्रभु से बिछुड़ा हुआ है ।

क्रौंच पक्षी के रुदन को इतने मार्मिक शब्दों में व्यक्त कर के कबीर ध्वनि और उसके प्रति हमारी संवेदना को जगाना चाहते हैं । हमारे पर्यावरण में आज जो प्रदूषण भरता जा रहा है उसके कई रूप और स्तर हैं । जल, वायु और ध्वनि आदि के प्रदूषण से हमारा पर्यावरण कितना नष्ट हो रहा है इसका अहसास हमें उतना गहरा नहीं हो रहा, जितना गहरा होना चाहिए । क्रौंच पक्षी की विरह-वेदनामयी चीख-पुकार से पानी से भरे तालाब तक प्रति-स्पंदित हो रहे हैं । भर रहे हैं । मानवों के करुणा-जल से भरे हुए तालाब रूपी मन स्पंदित-संवेदित नहीं हो रहे ।

चकवा-चकवी के दृष्टांत से कबीर रात-दिन की, बिछुड़ने और मिलने की बात कहते हैं । विरह रूपी सर्प की बात कहते हैं कि इसके डसने से जो विष चढ़ता है उसे फिर कोई भी मंत्र उतार नहीं सकता ।

जंगलों में लगी आग से कितना-कैसा विनाश होता है और कैसा दृश्य उत्पन्न हो जाता है । वृक्षों के जलने के 'सत्य' से बाहरी-भीतरी पर्यावरण की विभिन्न दशाओं को दर्शाते हुए कबीर कहते हैं :

आगे आगे दौ जलैं, पीछे हरिया होइ ।
बलिहारी ता बिरष की, जड़ काटे फल जोइ ।

मायारूपी वन बड़ा अद्‌भुत है । जब इसे जलाओ तो यह जैसे-जैसे आगे से जलता जाता है वैसे-वैसे पीछे से हरा होता जाता है । माया को बनावटी उपायों से दबाया नहीं जा सकता । अवसर और सहारा पा कर दमित वासनाएँ फिर से हरी-भरी हो जाती हैं । और यह अविद्या-मायारूपी वृक्ष भी ऐसा है कि इसे जड़ से काट दो तभी मुक्ति रूपी फल मिलता है । ऐसे वृक्ष की बलिहारी है । विरोधाभास अलंकार के माध्यम से 'हरियाली', 'आग', 'वृक्ष', 'जड़ें', 'फल' आदि प्रतीकों के प्रयोग से कबीर अध्यात्म संसार के तथ्यों को उजागर कर रहे हैं ।

जैसे बाहरी अंधकार को हटाने के लिए हम दीपक जलाकर हथेली पर रखते हैं और तब चलते हैं । अँधेरा हटता जाता है और हमारा मार्ग रोशन होता जाता है । इस तथ्य से कबीर व्यक्ति के भीतरी अंधकार को मिटाने का दृष्टांत देते हुए कहते हैं :

पीछे लागा जाय था,
लोक वेद के साथ ।
आगे से गुरु मिलिया,
दीपक धरया हाथ ।

मैं तो लोकधारणा राग एवं ज्ञान के अनुसार जीवन मार्ग पर चला जा रहा था कि आगे से आ कर मेरा गुरु मिला । इसने आत्मज्ञान से प्रकाशित दीपक मेरी हथेली पर धर दिया । इससे मेरे भीतर का अंधकार भी मिट गया । वहाँ भी ब्रह्म का प्रकाश फैल गया ।

और फिर ज्ञान से प्रकाशित इस मार्ग पर चलते रहने से अर्थात् बाहर और भीतर—दोनों ओर ही पहचान से—ब्रह्ममय जगत् की सच्ची समझ विकसित होने से—सब जीवों को, पर्यावरण को, धरती, आकाश आदि को अभिन्न रूप में एक मानने और उसी के अनुरूप आचरण करने से क्या लाभ होता है, कबीर शब्द साखी में कहते हैं :

कबिरा मन निर्मल भया, जैसे गंगा नीर ।
पीछे-पीछे हरि फिरै, कहत कबीर-कबीर ।

अब तो गंगा का पानी भी प्रदूषित हो गया है वरना गंगा के स्वच्छ, पवित्र और पारदर्शी जल से मन की निश्च्छलता, पवित्रता और पारदर्शिता की उपमा दी जाती थी, कबीर ने भी मानसिक प्रदूषण को मिटाने की बात कही है । मन निर्मल हो जाय, मल—चाहे विषय-वासनाओं का हो या अहंकार, ईर्ष्या-द्वेष का उससे रहित होने पर

परमात्मा के दर्शन होते ही होते हैं, बल्कि हरि भी ऐसे व्यक्ति के पीछे-पीछे डोलने लगते हैं । अर्थात् मन के साफ-पाक हो जाने पर परमात्मा से भी ऊपर उठ जाता है व्यक्ति । आंतरिक पर्यावरण स्वच्छ होने से भगवत्ता मिलती है तो बाहरी पर्यावरण साफ-स्वच्छ होने से धरती का जीवन स्वर्ग-तुल्य हो सकता है ।

❑

कबीर के राम

सत्य के लिए इस देश में सर्वस्व न्यौछावर करने की सुदीर्घ परम्परा है । पिछले दस हजार साल का पुराना इतिहास इसी तथ्य को सिद्ध करता है । इन गये युगों पर धीरे-धीरे विकसित होता हुआ राम का रूप भी सत्य का ही रूप बन गया है । भारतीय 'दर्शन' शब्द और अंग्रेजी का 'फिलासफी' शब्द इस अंतर को भी दिखाता है कि 'दर्शन' में देखने साक्षात्कार करने, अनुभूत करने–संवेदना का अंग बनाने की अर्थ-पत्तियाँ निहित हैं तो फिलासफी में 'सोचने' 'विचारने' की अर्थ छवियाँ समाहित हैं । किसी वस्तु में विलीन हो जाना, डूब जाना और अन्तःसूत्र में सभी को निबद्ध पाना भारतीय दर्शन है । इसी क्रम में राम आते हैं, मूल्य रूप में । 'वस्तु' के बारे में सोचने, उसके तात्विक समीकरणों और उपयोगिता के सम्बन्धों पर विचार करने के क्रम में आती है सांसारिक-भौतिक समृद्धि । भारत बाहरी खोजों के प्रति सदा उदासीन रहा है । उसके दर्शन के सूत्र बाहर से भीतर की ओर बढ़ते हैं । जबकि पश्चिम के बाहर से बाहर की ओर । जो आध्यात्मिक प्रभामण्डल ऋषियों देवी-देवताओं के चारों ओर विकसित हुआ हम पाते हैं वह आध्यात्मिक उपलब्धियों का प्रकाश-वृत्त है जो पुनः-पुनः अध्यात्म चेतना की ओर प्रेरित करता है । वह बाहरी विद्युत प्रकाश के चमकते लट्टुओं से उत्पन्न प्रभा-मण्डल नहीं । परम सत्य का अक्षुण्ण प्रकाश-वृत्त है जिसने, पृथ्वी, अन्तरिक्ष और द्युलोक को आवृत्त कर रखा है । यह सत्य मूल्यरूपी है । राम अवतार हैं । वे पराशक्ति हैं तथा दश-दिशाएँ उनकी भुजाएँ या ये ही दिशाएँ दश महाविद्यायें । शतपथ ब्राह्मण में संवत्सर को प्रजापति मानकर फिर उसे सूर्य माना जाने से बारहमासों का अर्थ लिया गया है । इन बारहमासों से बारह भुजाओं की परिकल्पना करने से कालवाचक अर्थ लेकर–देश और काल व्याप्त माना गया है । राम एक नहीं, चार हैं । इनकी चर्चा हम आगे करेंगे ।

भारत में अध्यात्म की परम्परा वैदिक ज्ञान से भी पुरानी है । इसे संत परम्परा का नाम दिया गया है । 'वैदिक ज्ञान से पुरानी' कहने की मुराद यह है कि वेदों को अपौरुषेय कहा जाता है । यह ठीक भी है क्योंकि वेदों की रचना नहीं की गयी । वेदों को किसी पुरुष ने नहीं रचा । तब, ये अस्तित्व में कैसे आये ? पंडित लोगों से बात करो तो वे कहते हैं देवों ने इनकी रचना की है । इसलिए वेद अपौरुषेय हैं । हमारा मानना है कि वेद इसलिए भी अपौरुषेय हैं क्योंकि ये किसी या किन्हीं व्यक्तियों की रचना नहीं, समूचे मानव समाज की रचना है । इसलिए वेद अपौरुषेय हैं । 'वेद' का अर्थ ही है

ज्ञान ! तो, वेद तो ज्ञान का संकलन है । उस समय तक के समूचे ज्ञान का संकलन है । और यह भी स्पष्ट हो जाना चाहिए कि धरती पर उस समय आर्य जाति ही योग्यतम उत्तराधिकारी थी इस ज्ञान की । ज्ञान का सूर्य तब भी आर्य देश भारत में चमक रहा था । वे ही आज भी इसके वारिस हैं । किन्तु यह समूचा ज्ञान-वेद आलोक-मात्र आर्यों, भारतीयों का दाय नहीं । क्योंकि ज्ञान का प्रकाश धरती की हदों में कभी बँटा या बँधा नहीं रहता । वह मानव-कृत झूठी भौगोलिक हदों को लाँघ कर सार्वभौम हो रहता है—त्रिकालायामी हो रहता है । इसलिए वेदों के संकलनकाल तक ज्ञान-आलोक समूचे मानव समाज की धरोहर है । और समाज कैसा ? समाजविज्ञानियों की परिभाषा वाला समाज नहीं । समाज वह जो परस्पर आत्मिक-आध्यात्मिक-मानवीय सम्बन्धों में बँधा हुआ—आत्मिक स्पन्दनों में खिला हुआ सुवासित ! सप्राण ! चैतन्य ! मरी हुई मिट्टी से बने चलते-फिरते खिलौने नहीं । परस्परता की पीड़ा में नाभिनाल बद्ध जीवन्त वेदना-स्यूत (विद्-वेदना) सजग मानव समाज !

कबीर तक ने तैंतीस करोड़ की संख्या दी है । शरीर में स्थित नाड़ियों आदि की । राम के बरातियों की । पाँच तत्त्वों की संख्या भी ऐसे ही नहीं दे दी । फिर इन तैंतीस करोड़ सुरों के साथ अट्ठासी सहस्त्र मुनिवर अलग से पधारे । तब इन सबके सामने एक अविनाशी पुरुष राम के साथ उनकी आत्मा का गठबन्धन हुआ । 'मन रति करि हों' का मन से रामरति करने का यह सुफल है । मात्र 'तन रति' करने से यह सब घटित नहीं होता । पहले तो मन पाँचों (ज्ञानेन्द्रियों) को सजग, जीवित, संवेदित और समाज के तैंतीस करोड़ सुरों की पीड़ा-वेदना से जोड़कर रखने से, फिर उन्हीं की साक्षी में यह 'परिणय' घटित होता है । तभी वह सुहाग मिलता है जो कबीर के हिस्से आया :

कहे कबीर मैं कछु न कीन्हा
सहज सुहाग राम मोहि दीन्हा ।

तो ये राम के बाराती आज भी क्या जीवित हैं ? क्या कबीर के राम की बारात केवल एक ही बार सजी, उन्हीं का प्रणय-बंधन राम से हुआ या होता है ? मीरा का भी हुआ । नानक का भी हुआ । दादू, पीपा, रैदास, मलूकदास का भी हुआ ।

तन रत करि मैं मन रति करिहों
पाँच तत्त बराती
सुर तैतीसों कोटिक आये
मुनिवर सहस अठासी
कहै कबीर हम ब्याहि चले हैं
पुरिख एक अविनाशी ।

वास्तव में व्यक्ति का उद्धार स्वयं व्यक्ति कर सकता है । जबसे मनुष्य ने आधुनिकता की मदहोशी-भरी गंध सूँघ ली है, तबसे वह मात्र व्यक्ति हो गया है । मानव

से मनुष्य, मनुष्य से जन और जन से व्यक्ति (वादी) हो गया है । तो भी आज बीसवीं शताब्दी के अन्तिम छोर पर खड़ा, इक्कीसवीं शताब्दी में प्रवेश पाने को तैयार व्यक्ति जिन भीतरी—मानसिक, और बाहरी—सांसारिक संकटों से घिर गया है, उनसे उबरने के रास्ते भी उसे स्वयं खोजने हैं । हाँ, राम उसे इस रूप में सहायता कर सकते हैं, यदि वह समाज और मानवमात्र में भरोसा रखता हो । यदि और भी विकसित संवेदनाएँ हों उसके पास, प्राणीमात्र और प्रकृति के व्यापक-सार्वभौम अस्तित्व में उसका विश्वास हो । आखिर जैविक विकास के तर्क को तो वह झुठला नहीं सकता । इस आधार पर सब एक ही धरातल पर आकर परस्पर जुड़ जाते हैं । 'राम' तब एक वृहत्तर, जैविक, समान धरातल वाला आधार बन जाता है । जो प्रकृति, प्राणी और मनुष्य को परस्पर संवेदनात्मक, जैविक विवेक के सूत्र में बाँध देता है । तर्क के रास्ते से चलें तो वह वहीं—वृहत्तर संवेदनशीलता के बिन्दु पर ही पहुँचता है ।

राम तत्त्व रूप में सृष्टि में व्याप्त हैं । तर्क, ज्ञान और विज्ञान के इस वर्तमान युग के मनीषी-चिंतक 'राम' की अवधारणा को सार्वभौम बनाकर प्रस्तुत करते हैं तो साथ ही प्रत्येक व्यक्ति के लिए सुलभ भी । व्यक्ति अपने आचरण में भी झाँककर राम को देख सकता है । बस उसे अपने से यह प्रश्न करना है कि 'क्या मैं राम हूँ ?' उत्तर में यदि आपका मन कहे कि 'नहीं' तो समझो आप रावण हैं । यानि सत्य, संवेदना, दया, प्रेम, मानवता से आप रहित हैं । झूठ, क्रूरता, घृणा, अमानवीयता के आप निकट हैं—बल्कि पक्षधर हैं । तुम मन्दिर में झुकते हो परन्तु तुम्हारा अहंकार अकड़ा रहता है, धन के बल पर, सत्ता के बल पर । नकली चेहरे चढ़ाने से रावण राम नहीं बन जाता । रावण और उसकी पत्नियों में काम-वासना का सम्बन्ध है । और प्रेम विषय है हृदय का । काम विषय है इन्द्रियों का । राम झोंपड़े में रहें तो वह झोंपड़ा महल से भी अधिक आनन्ददायक है । रावण का महल भी झोंपड़े से गया गुजरा । रावण के दस या दसियों चेहरे हैं पर राम का सिर्फ एक है । चाहे दुख हो, चाहे सुख हो, चाहे महल हो, चाहे जंगल हो । राम एक स्थिरता का नाम है । झूठा चेहरा एक गिरता है तो दूसरा उग आता है । कोई अन्त नहीं झूठ का । न झूठे चेहरों का । रावण के सिर गिरते जाते हैं और नये-नये उगते हैं । (ओशो)

रावण एक शक्ति और मद की यात्रा है । इस यात्रा पर निकलकर व्यक्ति भी शक्ति, मद, धन आदि माँगता है । माँगना ही रावणत्व है । आपने 'माँग' कर दी, रावण हो गये । राम होना एक यात्रा है शांति की । रस और आनन्द की यात्रा । यहाँ स्वयं को विलीन करना होता है । विलीन होना रामत्व है ।

बीसवीं शताब्दी के अन्तिम छोर पर खड़ा, इक्कीसवीं शताब्दी में प्रवेश के रोमांच को अभी से महसूस करता मनुष्य अतिशय संकटों में घिरा है । ये संकट बाहरी तो हैं ही, उनसे भी पहले भीतरी हैं । राम उसके लिए आज सर्वाधिक प्रासंगिक और अनिवार्य हैं । साहित्यिक परम्परा में विद्वानों ने 'सगुण राम' और 'निर्गुण राम' के दो रूपों को

लक्ष्य किया है । सन्तों-फकीरों-महात्माओं की परम्परा चार प्रकार के राम के रूपों को मानती आयी है :

एक राम ने सकल पसारा
दूजा राम त्रिभुवन से न्यारा
तीजा राम घट-घट में लेटा
चौथा राम दशरथ का बेटा

सर्वप्रथम सृष्टि के सारे प्रसार में स्रष्टा रूप है । बाद में त्रै-आयामी-कालबोधक रूप में—तथा तीनों भुवनों में—पृथ्वी लोक, अन्तरिक्ष और भूलोक में विचरण करने वाला । दूसरे और तीसरे रूप का उल्लेख घट-घट व्यापी तथा चौथा दशरथ के बेटे के रूप में हुआ है । आज के सन्दर्भों में विश्व-मानव के लिए प्रथम तीनों रूप सहज स्वीकार्य होने चाहिए । दशरथ का बेटा उन भक्तों के लिए अतिरिक्त श्रद्धा-भक्ति का आधार हो सकता है, जो सगुण में ही निर्गुण के दर्शन करने की श्रद्धा से सिक्त हैं, जो राम को साकार दीनबन्धु में निबद्ध मूर्त रूप में स्वीकार कर निराकार की ओर यात्रा करना चाहते हैं । यों तो पात्रों, स्थितियों, घटनाओं के प्रतीकात्मक अर्थ-सन्दर्भों के कारण रामायण मानव-मूल्यों का वृहद् कोश है । परन्तु कबीर के राम सार्वभौमिक, सार्वकालिक महत्त्व के कारण प्रत्येक देश, काल में प्रासंगिक हैं ।

(लेखक द्वारा बैल्जियम के ल्यूइन विश्वविद्यालय में विश्व रामायण सम्मेलन (1991) में पढ़े गये लेख के प्रमुख अंश । इस सम्मेलन में लेखक को एक सत्र में अध्यक्ष मंडल का सदस्य होने का सौभाग्य प्राप्त हुआ । कबीरपंथ (अगस्त 1991) में प्रकाशित ।)

लोकचेतना : परिवर्तन की दिशा

लोक है क्या ? किसे कहें लोक ? लोक की सीमाएँ क्या हैं ?

हमारी दृष्टि में वह सब लोक है, जो परलोक नहीं है । हमारे यहाँ दो ही विभाजन हैं—एक लोक है या इहलोक है और दूसरा परलोक है । लोक के परे 'पर-लोक' है । अतः जो कुछ इस धरा पर है, ब्रह्माण्ड में है, वह सब लोक है । पेड़-पौधे, पत्थर-पहाड़, नदियाँ-झरने, आकाश-नक्षत्र, धरती-सागर, पशु-पक्षी, जीव-जन्तु और मनुष्य—ये सब मिल कर बनता है हमारा लोक । इस सबमें चेतना का प्रसार है । कहीं कम, कहीं अधिक । जब इनमें सोयी हुई चेतना जगा दी जाती है तब ये सब अपना मृत्तिका-धर्म भूल कर, ऊर्जस्वित होकर चैतन्य-धर्म में जाग उठते हैं और हल्के बन जाते हैं । मृत्तिका-भार तिरोहित हो जाता है । पत्थर तक चैतन्य हो जाने पर हल्के हो समुद्र पर तैरने लगते हैं । लंका जाने हेतु समुद्र पर बनाया गया पुल, उसके पत्थरों का पानी पर तैरना इसी से सम्भव हुआ क्योंकि राम ने उनके चैतन्य को जगा दिया । इन्हीं अर्थों में चैतन्य होकर गिलहरी भी राम-काज में जुट गयी । राम के प्रेम-सिक्त स्पर्श—उसकी पीठ पर हाथ फिरा देने से उँगलियों से पड़ी धारियाँ आज तक उस याद को बनाये हुए हैं । यह बात कितनी भी अयथार्थ लगे, किन्तु है कितनी भावनापूर्ण ! लोक-विश्वास में पगी। भालू, वानर, पेड़, पौधे—सब चैतन्य हो वनवासियों, आदिवासियों के साथ रामकाज में जुट गये । तो यह है हमारा लोक । लोक की जाग्रत चेतना ही 'आलोक' है !

वर्तमान समाजों को लोक तथा उसकी चेतना से जुड़ना होगा : आज मनुष्यों के समाज अपने सम्पूर्ण परिवेश से कटे—अपने प्राकृतिक दाय की पहचान व चेतना से प्रायः शून्य हैं । मनुष्यों ने अपने विकास, जो मात्र भौतिक, सुख-सुविधा के विकास हैं, के क्रम में अपने पूरक तत्त्वों और घटकों को भुला दिया है । नतीजा सामने है । मनुष्यों की सभ्यताओं का विकास अलग है और पर्यावरणों का विकास अब जाकर बीसवीं शती के उत्तर में चिंता का विषय बना है । वह भी अधूरे सोच और अधूरे मन से । भारत तो और भी फिसड्डी दशा में है । यहाँ बड़े-बड़े बाँध बनाने के लिए समूचा परिवेश उजाड़ा जा रहा है । 'पर्यावरण' शब्द पुनः अधूरे सोच का शब्द है । इससे भी पहले 'वातावरण' शब्द चलता था । भारतीय सोच का वास्तविक शब्द 'परिवेश' है । यह मात्र आवरण नहीं, जो हमें चारों ओर से ढके है । परिवेश हमारा अभिन्न है । जैसे आत्मिक मानसिक अस्तित्वों को दैहिक अस्तित्व आवेष्टित किये हुए है, ऐसे ही हमारे सामूहिक अस्तित्व को

आवेष्टित किये है हमारा परिवेश ।

आधुनिकता अपनी ज्ञान-विज्ञान की सारी उपलब्धियों, सुविधाओं के रहते जिन समाजों का निर्माण कर पायी है, वे सब अपने आप में अधूरे, अपूर्ण, एकायामी, खोखले साबित हो रहे हैं, इसीलिए सारी विचारधाराएँ भी चरमरा कर गिर गयी हैं । वे अपने आशयों में कितनी ही मानव-हितैषी हों पर हैं अधूरी । मनुष्य के बाहर की चिंतना से जुड़ी । ये विचारधाराएँ ऐसे मॉडल प्रस्तुत करती हैं, जो मूलतः प्रायोगिक हैं । कारखानों में बने उत्पाद की तरह मनुष्य को लेती हैं । कारखानों में किसी उत्पाद के अलग-अलग अंगों की निर्मिति और भिन्न-स्थान पर उन अंगों का एकत्रीकरण (Assemble) होता है । अलग-अलग पुर्जे । अलग-अलग बनाने वाले । यानी सारे कौशल पृथक्-पृथक् विशेषीकृत । परस्परता के बोध से वंचित । भिन्न पुर्जे तक की कोई जानकारी नहीं दूसरे को । समूचापन कहीं नहीं । उत्पाद बनकर तैयार हो गया । उपभोक्ता-मूल्य चुकाने वाले के अधिकार की वस्तु बन गया, उत्पाद । बनाने वाले की कहीं झलक नहीं । पहचान नहीं, छुअन नहीं । सब मशीनी, यांत्रिक । यों द्वन्द्व, दौड़, दुराव जहाँ पहुँचाता है, वहीं खड़ा मिलता है—समाज । लोक नहीं । लोक अपनी निर्मितियों में, अपने संघर्षों में, संकल्पों में, अभियानों में निम्नतम इकाई तक सदैव अपनी पहचान, स्पर्श, झलक पाता है । एक स्थान पर कबीर ने कहा भी है कि मैं साधारण लौकिक और वैदिक मान्यताओं के अनुसार, अन्य जनों की भाँति चल रहा था । उन मान्यताओं के पीछे घूम रहा था :

पीछैं लागा जाए था, लोक वेद के साथि ।
आगैं थैं सत्गुरु मिल्या, दीपक दीया हाथि ।।

लोक वेद की सामान्य परिपाटी और विश्वासों के साथ चलने का अभिप्राय प्रायः परम्परा के विश्वासों को निभाना है । चलन में सम्मिलित होना है । जरूरी नहीं कि इससे सत्य की अनुभूति भी उपलब्ध हो । यह कार्य सत्गुरु ने किया । मर्म समझा दिया । प्रकाशित दीपक हथेली पर रख दिया । चैतन्य की—वैदिक ज्ञान की—प्रकाश की अनुभूति भी करा दी । अज्ञान-अंधकार भरी भटकन समाप्त हो गई । सब कुछ साफ-साफ दीखने लग गया । लोक में प्रचलित वैदिक परम्पराएँ जो, वैदिक-सत्यों से मेल नहीं खाती थीं, उनका ज्ञान भी कबीर को हुआ । वह लोक की सत्य, सहज की मूल अनुभूतियों को भी पहचान पाये । 'पशु-बलि', 'शूद्र-घृणा' की प्रचलित अवधारणाओं से कटे और कहा : "संतो पाण्डे निपुण कसाई" । अतः बाद में कबीरपंथियों ने पृथक् वेद-स्वसंवेद की अवधारणा को अपनाया ।

लोक में ही चैतन्य-सम्भावनाएँ निहित रहती हैं । प्राकृत सम्भावनाएँ । शेष तो धीरे-धीरे मिट्टी के, बनावटी, अ-प्राकृत हाथों बने संसार में खो जाता है । लोक की चेतना से दूर हो जाता है । विस्मृति के गर्त्त में चला जाता है ।

तो इस लोक में बड़ी सम्भावनाएँ लुकी-छुपी-धरी हैं । यह प्राकृत खजाना है शक्तियों का । सभी प्रकार की शक्तियों का । शक्ति के सारे आयाम सुरक्षित पड़े रहते हैं यहाँ । अक्षय । अखुट । लोकनायक कभी बाहर से नहीं आया करते । भीतर से ही उत्पन्न होते हैं सदा । हुए हैं । प्राकृत शक्तियों को जानने-समझने वाले । उनके गर्भ से ही वे उत्पन्न होते हैं । नाभिनाल बद्ध । कबीर भी कोई अलग नहीं थे । वह लोक चेतना के संवाहक थे । लोकचेतस थे । लोक को चेतना देने वाले, लोक वेदनाओं की उपज । 'विद्' धातु से बना 'वेद' शब्द 'ज्ञान' का अर्थवाह है । इसी वेद से वेदना शब्द का विकास है । अर्थ हुआ वह ज्ञान जो लोक की पीड़ाओं की पहचान हो—पीड़ाओं के गर्भ से जन्मा हो; वेदना है । समूची भाव सत्ता का वाचक । लोकनायक इसी भाव-सत्ता-वेदना की वैध संतान होते हैं । इसी सोये हुए महाकार वेदना-भाव को, ज्ञान के बोध को जगाता है । वेदना दो प्रकार की हो सकती है । राम की भी और रावण की भी । कृष्ण की भी और कंस की भी । दोनों पक्ष अपनी-अपनी वेदना के सच्चे होने का दावा कर सकते हैं । तब, किसकी वेदना सच्ची है ? प्राकृत है ? लोकमयी है ? या सत्तामयी, स्वार्थासनी है ? वेदना की अंतः-सत्ता-स्वरूप-प्रकृति को जानने के उपाय भी हैं । हमारे यहाँ जितने भी मूल्यधर्मी शब्द हैं । वे लोकधर्मी शब्द भी हैं । उनकी बनावट ही अपने में लोकधर्मिता के अर्थों-आशयों-आयामों को छिपाये हुए है । अतः कबीर को वैदिक मान्यताओं का विरोधी मानने का कोई कारण सामने नहीं आता । वैदिक मान्यताओं के विकृत प्रयोग और बाद में आयी व्यावहारिक विकृतियों के विरुद्ध वह जरूर थे । अन्यथा वह वेदों में उल्लिखित अध्यात्म अनुभूति, मानवीय समता, प्रकृति सत्यों को ही आगे बढ़ाने वाले, विकृतियों को शोधित कर अधिष्ठित करने वाले मानववादी महान संत हैं ।

एक उपसर्ग है 'सम' । इस 'सम' उपसर्ग के द्वारा उक्त लोकधर्मी-मूल्यधर्मी अर्थ-आयाम निर्धारित होते हैं और यह उपसर्ग ही वेदना की प्रकृति, स्वरूप और सत्यता को खोलता है सम्+वेदना=संवेदना शब्द हमें सिर्फ वेदना से नहीं लोकधर्मी वेदना से जोड़ता है । 'सम्' परार्थमुखी, समता-वाचक है जो आत्मा, चेतना के धरातल पर हमें 'पर' से—लोक से, समाज से जोड़ देता है । हमारी सोच, बोध, ज्ञान को वैयक्तिकता की सीमाओं में सीमित न बनाये रखकर संवेदना अन्य, पर, भिन्न, दूसरे से जोड़ देती है । लोक से जोड़ देती है । अतः सम्बन्ध, संवेग, संबुद्धि, संयोग, आदि अनेक शब्द हैं जो बन्ध, वेग, बुद्धि, योग की एकांगिता, वैयक्तिकता, सीमित, (मनमानेपन, कुछ अर्थों में लोक समाज निरपेक्षता) के विपरीत व्यापक, प्राकृत, सत्य अर्थों से जोड़ देते हैं । अतः लोकनायक इस संवेदना से युक्त होकर लोक से स्वयं भी जुड़ता है और लोक के विभिन्न घटकों को परस्पर जोड़ कर लोकशक्ति को बढ़ाता है । बिखरी हुई लोक-शक्ति के संग्रह करके उन्हें परस्परता के सूत्र में पिरोता, संगठित करता है । इन्हें धार्मिक अर्थों में यदि कहें तो लोक में सोयी हुई चेतना को परस्परता के संवेदनामय ज्ञान के द्वारा जगाकर

संग्रह करना, फिर संग्रहित चेतना को 'संगठित' करके लोकहित में उसका प्रयोग कर लोक को त्राण देना है । अतः कहना न होगा कि संवेदना, चेतना, शक्ति लोक में ही निहित है । लोकनायक उसको लक्ष्य करता, जगाता, संग्रह करके, संगठित करके अन्याय, असत्य से भिड़ा देता है । अन्याय, अत्याचार को परास्त कर के त्राण दिलाता है ।

उक्त सन्दर्भों के प्रकाश में कबीर भी लोकनायक हैं । उन्होंने भी समाज की सोयी शक्तियों को जगाया । प्रभु वर्ग द्वारा उपेक्षित-अपमानित, बिखरी शक्तियों को एकजुट किया और अपने युग की बर्बर राजसत्ता के सामने चट्टान की तरह अड़ा दिया । इस चट्टान को सल्तनत और उसकी समूची शक्ति हिला नहीं पायी । दूसरी ओर हिन्दू और मुस्लिम समाज की श्रेष्ठवर्गीय, प्रभुवर्गीय शक्ति—चाहे वे मुल्लाओं की हो या ब्राह्मणों की, उसके विरुद्ध भी कबीर ने एक जबरदस्त मोर्चा खोल दिया । कहाँ तो पिसे-कुचले-दबे वर्ग श्रेष्ठी वर्ग के लोगों से त्रस्त रहते थे भयभीत और तृणवत काँपते हुए फिर कबीर के संसर्ग में आकर इन श्रेष्ठियों पर मुस्कुराने, इनकी मूर्खताओं पर हँसने लगे । उनकी मुस्कुराहट और हँसी के पीछे कबीर के वे तर्क होते जो पंडित, मुल्ला—दोनों की हँसी उड़ाते :

—कहु पंडित सूचा कवन ठाउ
जहाँ बैसि हउँ भोजन खाऊ
माता जूठा, पिता भी जूठा, जूठे ही फल लागे
—क्या अज जप मंजन कीएँ क्या मसीति सिरूँ नाएँ ।
दिल महिं कपट निवाज गुजारै क्या हज कावै जाएँ ।।

गुरू गोविंद सिंह ने चिड़ियारूपी हिंदुओं को दुःसाहसी बनाकर मुगल सेना-रूपी बाजों से लड़ा दिया । ऐसा ही बल्कि इससे भी विकट कार्य कबीर ने किया था जो मरे हुए लोगों में साहस, निर्भयता, आत्मविश्वास के भाव और आत्म-गौरव की भावना भर दी ।

लोक की पहचान और ढूँढ़ आरम्भ होती है उस निम्नतर इकाई की अस्मिता के स्वीकार से और उसे महत्त्व देने से, जो अपनी अस्तित्व-सत्ता से धरती पर विद्यमान है । वही व्यक्ति इसकी ओर बढ़ सकता है, जिसने स्वयं को लोक में स्थित, उस निम्नतम इकाई के स्तर पर उतर कर आत्मीय रिश्ता निर्मित किया हो । मात्र मनुष्यों तक नहीं, प्राणीमात्र की पीड़ा से जो सहज उत्साह में जुड़ा हो । संतों और भक्तों ने साम्य की इस दिशा को घटित किया, जिसे 'समाज' आज खोये दे रहा है । मात्र दैहिक-भौतिक साम्य के परिवर्तन और दावे आज जिस तरह टूट-बिखर कर निरस्त हुए जा रहे हैं, उन्हें देखते यह और भी स्पष्ट और सुनिश्चित हो गया है कि अध्यात्म की उस सार-स्थली पर घटित होने वाली परिवर्तन की प्रक्रिया को अपनाया जाये । इस पुख्ता, सदियों से आजमाये हुए, सर्व सिद्ध आधार पर वास्तविक साम्य आता है, परिवर्तन घटित होता है । जिस चट्टानी

मजबूती के शिखर पर कबीर ने खड़े होकर अकेले ही तत्कालीन राजशाहियों, धार्मिक रूढ़ियों, आडम्बरों, अमानवीयताओं की अंधमहाशक्तियों को ललकारा था । लोकशक्ति उनके साथ जुट आयी थी । लोक-विश्वास उन्होंने अर्जित किया था । वह लोक मानस के गहरे पारखी थे । उनकी भाषा भी लोक-चेतना की गहरी पकड़ का प्रमाण देती है । उन्होंने लोक में प्रचलित प्रतीक, घटनाएँ, क्रियाएँ, दृष्टान्त रूपक और शब्दावली ग्रहण की । अपनी बात सीधे-सीधे लोक हृदय में उतारी । लोकवाणी में प्रचलित शब्दावली—सूली, चक्की, धोबी, साबुन, तलवार, म्यान, ठगिनी, चदरिया, चोला, कुम्हार, खाल, लोहार, कुंभ, ओस, प्यास, कतना, बुनना, पासा, चौपड़ आदि लोक-प्रसिद्ध मुहावरों, लोक-उक्तियों तक का प्रयोग इस तरह किया कि उनकी मार्मिक बातें अपने मूल आशय के साथ सीधा लोक-चित्त पर अपना असर करें ।

वैदिक युग (कृत युग) पूर्व की प्रकृति, सत्य, प्रकाश, जो कि वैदिक वाङ्मय का आधार है, उस चैतन्य ज्योति के स्रोतों को कबीर ने लक्ष्य किया और वाणी दी । वैदिक आचारों में बाद में आये कृत्रिम परिवर्तनों के कारण कबीर ने कागद की लेखी को अस्वीकार किया और मूल चैतन्य की अनुभूति से जुड़ने की राह दिखाई । इस कारण कबीर वाणी को 'स्वसंवेद' भी कहा जाता है । वेद सत्य एवं तथ्य को समक्ष रखते हैं । उनकी अनुभूति तो व्यक्ति की अपनी क्षमताओं पर निर्भर करती है या गुरु कृपा पर । यह तथ्य सर्वाधिक महत्त्वपूर्ण है कि कबीर साहब का सारा बल इस धरती पर विद्यमान जीवन पर और 'स्वसंवेद' पर है । जीवन को लेकर ज्ञान की अनुभूति पर । वेद ज्ञान ही नहीं अध्यात्म ज्ञान है । सम्यक अर्थ में । 'ज्ञान' का अर्थ सांसारिक जानकारियाँ या सूचनाएँ मात्र नहीं । यह ज्ञान बौद्धिक धरातल से जुड़ा रहता है, इसलिए, मिथ्या या झूठ एवं भ्रामक होता है, कबीर या संत जिस 'ज्ञान' की बात करते हैं वह मन के तिरोहित होने पर आंतरिक शून्य के साक्षात्कार से उत्पन्न होता है । मन से नहीं 'स्व' और 'अस्तित्व' से जुड़ा होने से स्वानुभूत होता है । यह ज्ञान बाँधता नहीं, भ्रमित नहीं करता, मुक्त करता है । भ्रमों का निवारण करता है । ज्ञान, कर्म और भक्ति के तीन मार्गों में ज्ञान के अतिरिक्त 'कर्म' और 'भक्ति' को भी इन्हीं अर्थों में लेना होगा । वे भी तभी मुक्तिदायी बनते हैं ।

युग पुरुष सदा ही अपने युग की दैहिक, मानसिक, आत्मिक—तीनों व्यक्तित्वों की आधि-व्याधि को पहचानता-समझता है तभी उपयुक्त निदान-उपचार भी कर पाता है । जड़ता (यथास्थिति) को गतिशीलता में बदल कर, रूढ़ियों (मनोरोगों) को मिटाकर, धार्मिक आडंबरों (अमानवीय-व्यवहारों) का खण्डन कर के समूचे राष्ट्र जीवन को पुनः स्वस्थ (स्व में स्थित) बनाता है । इसे ही युगीन परिवर्तन की संज्ञा दी जाती है । ये आमूल एवं समग्र परिवर्तन ही वास्तविक प्रगतिशीलता लाते हैं । कबीर भी ऐसी ही प्रगतिशीलता को लाये । उनके नाम से पुनः दलीय-राजनीतिक यात्राएँ निकालना ओछी समझ की उपज है ।

कहना न होगा कि आज पुनः लोक का मार्ग अवरुद्ध है । शोषण, छद्म, अन्याय, हिंसा, हत्या की सामूहिक कार्यवाहियों से समूचे लोक का उच्छेदन, विनाश हो रहा है । लोक-हत्यारी शक्तियाँ लोकविरुद्ध, लोक-विद्वेषी नीतियों से तरह-तरह की विनाश लीला रच रही हैं । नैसर्गिक प्रकृति से लेकर प्राणी मात्र और मानवी प्रकृत्ति तक सब संत्रस्त हैं । उत्पीड़ित हैं । किन्तु बिखरे हुए । इन स्थितियों का पुनः राजनीतिक स्वार्थमय दोहन करने के लिए सभी राजनीतिक गिद्धदृष्टि लगाये रहते हैं । इनमें कुछ हितैषी बनने-होने के मुखौटे लगाकर, या टुच्ची बकसीसनुमा रियायतें देकर, युगों से उत्पीड़ित, पिसे, शोषित लोक को भ्रमित करते रहते हैं । इन बिखरी, लोक शक्तियों को आज एकत्र होना है । भारत में सबसे पहले इन बिखरी शक्तियों को एकजुट करने वाले अपने नायक कबीर की शिक्षाओं को पुनः अपने कर्म का हिस्सा बनाना है । तरह-तरह की विभेदकारी पूजा-पद्धतियों के दलदल से बाहर आना है । इन व्यर्थ के जंजालों को छोड़ना और मुक्त होकर अस्तित्व की लड़ाई लड़नी है । स्वाभिमान, न्याय, और बराबरी की लड़ाई लड़नी है । सभी वर्तमान कबीर पंथी आचार्यों पर यह दायित्व जाता है कि वे मिलकर पूजापद्धतियों की भिन्नताओं के संकीर्ण दायरों की धुंध से कबीरपंथियों को बाहर लायें । उन्हें आज की, तेजी से बदलती, परिस्थितियों के अनुसार अपने सोच-व्यवहार को बदलने की शिक्षाएँ दें । सच्चा कबीरी नेतृत्व प्रदान करें । अन्यथा भ्रष्ट राजनीतिक स्वार्थी नेतृत्व उन्हें कहीं का न रहने देगा । न घर का, न घाट का । न दीन का, न दुनिया का !

❑

जीवन की महिमा के गायक : कबीर

संत कबीर को धर्म-अध्यात्म तक सीमित मान कर लोग निश्चिंत हो गये हैं । कबीर ने जब कागज-लेखी से आँखन-देखी को तरजीह दी तो पंडित-मुल्ला दोनों उखड़ गये । पूरी तरह बौखला गये । उन्हें तरह-तरह से सताया । उनका अपमान करना तो अलग उन्हें मारने को दौड़े । कहते हैं राजसत्ता ने भी अपने लोगों के हाथों उन्हें यातनाएँ दिलायीं । हिन्दू-पंडित और मुसलमान-मुल्ला तो उनके खून के प्यासे थे ही । कबीर की मान्यता थी कि मनुष्य इस धरती पर ईश्वर की बेहतरीन रचना है । मानो वह स्वयं ही धरती पर उतर आया हो । मानव देह में वह सब कुछ विद्यमान है । जो बाहर ब्रह्माण्ड में है । बस मनुष्य को थोड़ा इस ओर सचेत होना है । मनुष्य अपने भीतर की इस सम्पदा से बेखबर बाहर भटकता-ढूँढ़ता रहता है भगवान को । वह धर्म-ग्रंथों में लिखे को इतना महत्त्व देता है कि जीवन में—अपनी देह, मन और आत्मा के भीतर जो कुछ धरा है, उसे बिना चीन्हे कस्तूरी-मृग की तरह बाहर की ढूँढ़ में निढाल हो जाता है । कबीर आँखिन देखी की तरह ही देह-मन-प्राण की महिमा का बखान भी करते हैं :

इस घट अन्तर बाग बगीचे,
इसी में सिरजन हारा ।
इस घट अन्तर सात समुंदर,
इसी में नौलख तारा ।
इस घट अन्तर पारस मोती,
इसी में परखन हारा ।
इस घट अन्तर अनहद गरजै,
इसी में उठत फुहारा ।
कहत कबीर सुनो भाई साधो,
इसी में सांई हमारा ।

जैसे धरती के जीवन का केन्द्र सूर्य है । वैसे ही मानव के जीवन का केन्द्र उसका मन है । इसीलिए यह उक्ति भी सार्थक है कि मन के हारे, हार है और मन के जीते, जीत । कि मन के हार जाने से ही हार होती है, मन के जीतने से जीत होती है । अन्यथा जीत-हार का कोई और अर्थ या अभिप्राय नहीं है । देह का केन्द्र मन है और फिर मन से भी सूक्ष्म आत्मा या चेतना है । इसी भाँति सूर्य और उसके भीतर की ऊर्जस्वित शक्ति

इस धरती के अस्तित्व का कारण—आधार है । कबीर मनुष्य के भीतर ही सबको देखते-मानते हैं । उनका मानना है कि मनुष्य की इस देह के भीतर ही वे सुंदर बाग-बगीचे विद्यमान हैं जो धरती पर हमें दिखाई देते हैं, या जिनकी हम लोग कल्पना करते हैं कि वे स्वर्ग में हैं । इसी देह में सिरजनहार यानी हमारा प्रभु है, भगवान है, अल्लाह है । धरती पर दिखाई देने वाले गहन-अतल सात समुंदर भी तुम्हारी इस छोटी-सी देह में ही हैं । नौ लाख तारे भी इतनी-बड़ी संख्या में, तुम्हारी देह में विद्यमान हैं । पारस पत्थर, जो किसी धातु को छू जाय तो उसे सोना बना देता है, वह भी तथा उसकी परख रखने वाला विवेक भी तुम्हारे घट में ही रखा हुआ है । इतना ही नहीं अनहत् नाद भी तथा आनन्द के चरम क्षणों में उठने वाला फुहारा भी शरीर के भीतर ही है । कबीर जी का कहना है इसी देह में तुम्हारा साईं भी बसता है । अर्थात् जो ब्रह्माण्ड में है, वही पिंड में भी है । ब्रह्मांड यदि पूर्ण इकाई है, पूर्ण रचना है, तो तुम्हारा पिंड भी उसी का लघु रूप है, पूर्ण है । उक्त उन सभी वस्तुओं, दशाओं, स्थितियों से पूरित है, जिन्हें तुम बाहर देखते हो । किसी के मरने पर हिन्दुओं में पिंड-दान की रस्म है । वह इसी तथ्य की ओर संकेत है । पंजाबी भाषा में गाँव के लिए 'पिंड' शब्द का प्रयोग होता है । पिंड या गाँव इतनी पूर्ण, आत्म-निर्भर, सुविकसित और परस्पर आत्मबद्ध इकाई के रूप में इतने सम्पूर्ण थे कि ब्रह्माण्ड की इकाई माने जाते थे, वैसे ही जैसे देह और देह के भीतर का कार्य-व्यापार चलता है । समूची देह में ऊर्जा सोपानों से होती हुई चेतना सहस्रार कमल पर पहुँचती है । वस्तुतः वेदों और उपनिषदों का ज्ञान इस धरती पर सूर्य और उसकी ऊर्जा से पनपे जीवन के जो प्रमाण देता है, वैज्ञानिक भी वैसी ही अवधारणाएँ बनाये हुए हैं । वैज्ञानिक धरती पर जीवन के आरम्भ को 'बिग बैंग' मानते हैं, अर्थात् 'महानाद' । इसे भारतीय अध्यात्म में आदि शब्द-ब्रह्म या ओंकार माना जाता है । कबीर की भाँति अन्य संतों ने भी अपनी वाणी में इसे ही माना है ।

कबीर-वाणी में—"एक नूर तैं सब जग कीआ" का संदेश इसी तथ्य की स्थापना है । 'एक ओंकार' का जप भी इसी आदि-रूप की पूजा है । नूर, प्रकाश, ज्योति, आलोक, ऊर्जा, चेतना आदि शब्दों के माध्यम से उसी को पुकारा जाता है, जिसका प्रसार आज हम तक पहुँचा है और जो सम्पूर्ण ब्रह्माण्ड में व्याप्त है ।

वैज्ञानिक खोजों ने पाया कि लगभग चार अरब साल पहले आदिम कोशिकाओं के रूप में पनपते हमारे पूर्वज पहले तो सृष्टि के आदिकाल—उषा काल में उपलब्ध रसायनों को पीते रहे । एक विशेष ऊष्मा पर खौलते हुए रासायनिक द्रव्यों का पान करते रहे । इन आदिम कोशिकाओं ने उन रंगीन जीवाणुओं का आहार करके स्वयं को विकसित किया और सूर्य की ऊर्जा को सोख कर उसके उपयोग से बाद में कार्बनडायाक्साइड को उत्पन्न किया जिसे बाद में जीवन-सामग्रियों में बदलते गये । ये जीवाणु वनस्पति जीवाणु कहे जाते हैं । प्रकाश-संश्लेषण की यही क्रियाएँ आज भी हरे पौधों की कोशिकाएँ करती हैं । इन्हीं प्रक्रियाओं से गुजर कर बाद में समुद्रों में मछलियाँ उत्पन्न हुईं । जंतुओं की

उत्पत्ति और विकास भी इन्हीं प्राकृतिक नियमों के अधीन हुआ । 'थर्माप्लाज्मा' नामक जीवाणु जो आज भी झिल्ली रहित—नग्न घूमते मिलते हैं, मानव के पूर्वज हैं और आज से कोई ढाई अरब वर्ष पहले प्रकट हुए थे । यह सारा उल्लेख इस कारण किया गया है कि सूर्य के महत्त्व को हम समझ सकें । सूर्य की ऊर्जा को जीवन-विकास के आयामों में जान सकें । ऋग्वेद और उपनिषदों में सूर्य के सम्बन्ध में कई-कई श्लोक-सूत्र विद्यमान हैं :

—"प्राणो वै अर्क"—शतपथ ब्राह्मण 10 । 4 । 7 । 23
अर्थात् प्राण ही सूर्य है !
—"याऽसावादित्ये पुरुषः सोऽहम्"—त्रयी उपनिषद 6 । 35
अर्थात् जो सूर्य है सो मैं हूँ ।

कहना न होगा कि आज हमने जीवन विकास का उक्त ज्ञान, सोच और समझ गँवा दी है । होना यह चाहिए था कि आज तक के ज्ञान-विज्ञान का उपयोग करते हुए हम विश्व में अग्रणी देशों में होते, किन्तु हमारा सारा विवेक-ज्ञान हमने पोथियों, ग्रंथों में बंद कर रखा है, उसे पूरी तरह पीठ पीछे कर दिया है, और अब हर तरह के अंधकार में भटक रहे हैं । आज देश के सामने कोई दिशा ही नहीं । दिशाहीन राजनीति ऐसे ही है जैसे आँखें मूँद कर अपनी दुम का अनुसरण करता सर्प जो कभी काँटों में जा उलझता है, कभी आग में झुलसता है और कभी अंधी खाई में जा गिरता है । समूची दुनिया में वेद (ज्ञान) को भगवान मानने वाली जाति आज सर्वाधिक गहरे अज्ञान के अँधेरों में भटक रही है । कैसी विडम्बना है !

और ये अँधेरे भी कैसे हैं ? पुरातन ! पुश्तैनी ! हमने कुछ भी नहीं सीखा । सदियों के अँधेरे सदियों तक पाल-पोस कर सीने से लगाये घूम रहे हैं । मर रहे हैं । कबीर ने कहा है :

एकहि जोति सकल घट व्यापक दूजा तत्त न होई ।
कहै कबीर सुनो रे संतो भटकि मरै जनि कोई ।।

सब के शरीर में एक ही ज्योति व्याप्त है, एक ही तत्त्व सर्वत्र विद्यमान है, तो भी हम जाति-पाँति, छूआछूत, हिन्दू-मुस्लिम आदि के भेद-भाव को बीच में रख कर अज्ञानता के अँधेरों को और भी बढ़ा रहे हैं । जीवित प्राणियों की हत्या कर रहे हैं, चलते-फिरते मानवों को जीवित जलाने के कुकृत्यों तक हम पहुँच गये हैं । हरिजनों के पूरे के पूरे गाँवों को आग में झोंक कर प्रसन्न होते हैं । किन आदिम वृत्तियों को हमने सँभाला हुआ है और आज विनाश के किन नये-नये उपायों के माध्यम से मनुष्यों को नष्ट करने के आयोजनों में जुट रहे हैं ? यह कौन सा युग है मानव इतिहास का ? कहने भर को ही आधुनिक है ! प्रवृत्तियों में पुरातन आदिम युग है आज भी । कबीर बीसियों बार, बीसियों तरीकों-उपमानों से समझाते रहे हैं :

एक बूँद तैं सृष्टि रची है कौन ब्राह्मण कौन सूदा

कबीर ने मानवी साम्य या समकक्षता या बराबरी का संदेश अध्यात्म-स्तर पर दिया है । वे मूलतः ब्रह्मज्ञानी संत थे । अतः वह भौतिक वैभव को, धन-सम्पत्ति को महत्त्व ही नहीं देते । उन्हें समाज में आर्थिक आधार पर विभेद और ऊँच-नीच को देख कर बड़ा कष्ट होता है । वह कहते हैं :

निर्धन आदर कोई न देई । लाख जतन करै ओहु चित न धरेई।
कहि कबीर निर्धन है सोई । जाकै हिरदै नाम न होई ।

धनी या दरिद्र के भेद भी अज्ञानजन्य हैं । ईश्वर-जन्य नहीं । इन विभेदों ने भी मानव-जाति का बड़ा अपकार किया है । इसी प्रकार जप-तप के अहंकार से उत्पन्न विभेद, बाह्याचारों के कारण उत्पन्न झूठे-थोथे अहंकारी व्यवहारों के चलते मनुष्य कई-कई तरह के लबादे ओढ़े फिरते हैं । वस्त्र रंगा लेना मात्र पर्याप्त समझते हैं—कि जोगिया रंग के चीर (वस्त्र) धारण कर लिये तो सोचा हो गये जोगी, कबीर साहब का कथन है :

कबीर तन कौं जोगी सब करैं मन कौ बिरला कोइ ।
सब विधि सहजै पाइये, जे मन जोगी होइ ।।

मन में योग का रंग चढ़ने से, सहजता आने से जोगी बना जाता है, मात्र तन पर जोगिया रंग के वस्त्र धारण करके—तन को जोगी दिखा कर जोगी नहीं बना जा सकता । मन से योग धारण करना—यानी योगी हो जाना—यह किसी विरले में ही दिखाई देता है । योग तो एक ऐसी संघटना है, जो घटित होती है । उसे सायास लाया नहीं जाता, सायास जोगी बनना पुनः अहंकारमूलक मूर्खता है । सच्चा योगी आध्यात्मिक-नैतिक चेतना से प्रेरित होता है । अतः कबीर नैतिक-आध्यात्मिक सहज सात्विक जीवन-पद्धति को महत्त्व देते हैं । इसके लिए कहीं भी बाहर जाने की आवश्यकता नहीं है । पिंड में ही ब्रह्माण्ड समाया हुआ है :

जो ब्रह्मंडि पिंडि सो जानु
मानसरोवर करि असनानु

उसे भीतर खोजना है । अतः कबीर प्राणीमात्र के प्रति अक्षय संवेदना से तो भरे हुए हैं ही वह मानव जीवन को सर्वश्रेष्ठ अवसर बताते हैं । और इस अवसर के उपयोग पर बल देते हैं । इस जीवन को सँवारना प्रभु की सच्ची भक्ति है । इस धरा के जीवन-परिवेश को सँवारना प्रभु के लेखे में उत्तम कार्य है ।

कबीर लोक जीवन को और उसके चित्त को न केवल गहराई से जानते थे, उसके रोगों, रागों को पहचानते थे, बल्कि रोगों के उपचार भी उन्हें ज्ञात थे । जीवन और लोक का कोई भी ऐसा पक्ष नहीं जो उनकी दृष्टि से ओझल या पहुँच से बाहर रह गया हो । तुलसी या सूर के पदों का गायन यदि लोक के हृदय में आज भी बसा हुआ है तो कबीर

के पदों को इनसे कम रुचि से नहीं गाया जाता । बल्कि नित नियमित गाये जाने की जहाँ तक स्थिति है कबीर कुछ अधिक ही गाये जाते होंगे । इनके वचनों में लोक मानस की सूक्ष्म पकड़ है । लोक धुनों, लोक जीवन की लयों और गतियों की मजबूत पकड़ के कारण कबीर की लोक में गहरी पैठ है । फिर अधिकांश कबीरपंथी, विशेषरूप से समाज के निम्न क्षेत्रों से सम्बन्धित हैं और उनमें गहन आस्था के साथ जीवन की यांत्रिक-त्रासद स्थितियाँ भी उन्हें कबीर के निकट—क्षण-क्षण निकट लाती हैं । उनके मनों में बने दैनंदिन विष के प्रभावों का उपचार भी कबीर हैं और पग-पग पर मार्गदर्शक भी कबीर हैं । ऐसे बहुत से दोहे हैं कबीर के जो आबाल-वृद्ध, धनी-निर्धन सभी में प्रचलित हैं । एक चलती-फिरती नैतिक संहिता हैं कबीर के पद एवं दोहे, जो जीवनी शक्ति भी देते हैं और जीना भी सिखाते हैं । और कहना न होगा कि समाज के इस वृहत्तम वर्ग में जब तक नैतिकता, ईमानदारी, सत्य, निष्ठा, श्रम, संवेदना बची हुई है तभी तक जीना अनेकशः दुष्कर स्थितियों में भी सम्भव बना हुआ है । यह वह सारयुक्त भूमि है जिसे संतों, भक्तों, फकीरों ने आज भी कायम रखा हुआ है; वरना ?

'सत्य' के मूल्य को लेकर कबीर का प्रसिद्ध दोहा :

साँच बराबर तप नहीं, झूठ बराबर पाप ।
जाके हिरदे साँच है, ताके हिरदे आप ।।

जहाँ, जिस व्यक्ति ने अपने मन में सत्य को स्थान दिया हुआ है, जो सत्य का आचरण करता है; उसके हृदय में प्रभु स्वयं ही मानो निवास कर रहे हैं । अर्थात् सत्य और ईश्वर एक रूप हैं और जिसने सत्य को साध लिया यानि सत्य आचरण के व्रत का पालन कर लिया, करने में सफल हो गया, उसने मानों कठिन तप सिद्ध कर लिया ! इससे बड़ा और कोई तप नहीं रह जाता । और इसके विपरीत जिसके आचरण में झूठ है तो समझो इससे बड़ा और कोई पाप भी नहीं हो सकता । कारण ? कबीर मानव और मानव जीवन के इतर और बाहर किसी प्रकार की प्रभु-सत्ता में विश्वास नहीं रखते । वह सच्चे जीवन-गायक हैं । यह महान् संत होने की सबसे बड़ी पहचान है । संत जीवन को सबसे पहले सँभालता और ऊँचाई की ओर ले चलता है । यदि जगत् में झूठ व्यापेगा तब प्रत्येक व्यक्ति एक-दूसरे को झूठ के माध्यम से ठगने का काम करेगा जिससे सारे मानवीय मूल्य और सामाजिक ढाँचा चरमरा कर गिर पड़ेंगे । ये या ऐसी ही स्थितियाँ क्या आज हमारे जीवन को नरक नहीं बनाये हुए हैं ? सत्य का पक्ष लेना भगवान का पक्ष लेना है और भगवान का पक्ष जीव मात्र का पक्ष लेना है ।

धैर्य और धीरज को लेकर कबीर कहते हैं कि हे मानव धैर्य धारण करने के कारण **हाथी** को मन भर भोजन अपने स्थान पर ही मिल जाता है, किन्तु कुत्ता एक टुकड़े भर रोटी के लिए अपने अधैर्य के कारण, घर-घर भटकता है । तथा प्रकृति का नियम भी **धैर्य ही** है । धरती तो धीरज और प्रतीक्षा की मिसाल ही है । पेड़ों-पौधों पर फल-फूल भी अपने समय पर, ऋतु आने पर ही लगते हैं—खिलते हैं, भले ही कोई माली समय या

ऋतु आने से पूर्व ही इन्हें प्राप्त करने हेतु सैकड़ों घड़े पानी इनकी जड़ों में दे । फल-फूल तो मौसम आने पर ही लगेंगे । आज के आपाधापीपूर्ण जीवन में जीवन का सुख-चैन खो जाने का बड़ा कारण एक यह भी है कि हम रातों-रात कुबेर का खजाना पा जाना चाहते हैं । श्रम और धैर्य पूर्ण फल की प्रतीक्षा के अभाव के कारण भी जीवन दुःखपूर्ण होता जा रहा है ।

इसी प्रकार सामाजिक जीवन में अहिंसा या दयाभाव की अनिवार्यता को लेकर कबीर का प्रसिद्ध दोहा है :

दया भाव हिरदे नहीं ज्ञान कथै बेहद ।
ते नर नरकहिं जाहिंगे, सुन सुन साखी शब्द ।।

प्राणी-दया सबसे बड़ा धर्म है । मनसा, वाचा, कर्मना हमें किसी प्रकार की भी हिंसा नहीं करनी चाहिए । इसी भाव को कबीर कहते हैं कि जिनके मन में जीवमात्र के प्रति दया का भाव नहीं है और वैसे वे ज्ञान की बातें बढ़-चढ़ कर करते हैं, ऐसे लोग अवश्य ही नरक में जायेंगे और ऐसे लोग भी जो मर्म जाने बिना साखी और शब्द सुनने में व्यस्त रहते हैं और मानते हैं कि ज्ञान वार्ता करना या साखी और शब्द का सुनना मात्र धार्मिक कार्य है । कबीर आचरणगत पक्ष पर बल देते हैं । यानी हमारे सारे कार्यों, सोच-विचारों के केन्द्र में सदैव दयाभाव रहना चाहिए । दयाभाव, हृदय में होगा तो हमारा हर क्षण व कार्य ईश्वरीय अनुभूति से भरा हुआ होगा ।

वर्तमान समय भौतिक उपलब्धियों, सुख-सुविधाओं के अधिकाधिक संग्रह का है । प्रत्येक व्यक्ति भौतिक वस्तुओं, धन-सम्पत्ति के संग्रह पर जुटा है । ऐसे में कबीर के विचार दान को महत्त्व देने को कहते हैं । आवश्यकता से अधिक संग्रह-वृत्ति भी पाप है, दान के पक्ष में और संग्रह के विरुद्ध उनका कथन है :

जो जल बाढ़ै नाव में, घर में बाढ़ै दाम ।
दोऊ हाथ उलीचिये, यह सज्जन का काम ।।

उक्त दोहे में दृष्टान्त के माध्यम से बात कही गयी है । यदि नाव में जल बढ़ जाय और घर में अधिक धन इकट्ठा हो जाये तो सज्जन पुरुषों का काम है वे दोनों हाथों से उलीचना आरम्भ कर देते हैं । नाव में से अतिरिक्त जल उलीचने से डूबने से बचा जा सकता है । तो घर से अतिरिक्त धन दान कर के माया में गर्क होने से बचा जा सकता है ।

क्षमा बड़न को चाहिए, छोटन को उत्पात ।
क्या विष्णु को घटि गयो, जो भृगु मारी लात ।।

समाज में परस्पर सम्बन्धों के निर्वाह और जीवन प्रवाह को गतिशील रखने के लिए दूसरों की भूल-चूक या त्रुटियों को क्षमा करना भी सीखना चाहिए । यह भी एक अनिवार्य पक्ष है समाज-जीवन का । क्षमा न कर पाने से, वैर भाव की ग्रंथि मन में बना

लेने से दोहरी हानि की सम्भावनाएँ बनी रहती हैं । स्वयं के जीवन की स्वाभाविक लय-गति में, मानसिक-वृत्तियों में ग्रंथि से जहाँ स्वभाव में विकृतियाँ उत्पन्न हो आती हैं, वहीं सामाजिकों के ऐसे आचरण से सामाजिक जीवन भी अवरुद्ध होता है । इस कारण कबीर उक्त दोहे में विष्णु और भृगु की विख्यात कथा के द्वारा दृष्टांत देते हैं । एक बार भृगु ऋषि विष्णु के पास गये तो वह सोये रहे । उनके आने पर ध्यान नहीं दिया, न स्वागत किया । रुष्ट होकर भृगु ने सोये हुए विष्णु के वक्ष पर पाँव से प्रहार कर दिया । किन्तु जागने पर विष्णु ने क्रोध करने के स्थान पर विनम्र स्वर में पूछा, "ऋषिवर आपके पाँव में चोट तो नहीं आयी ?" कबीर कहते हैं इसी प्रकार शक्ति, पद, आयु में बड़े का कर्तव्य है कि वह छोटों द्वारा की हुई धृष्टता की ओर ध्यान न दे और उन्हें क्षमा कर दे । भृगु द्वारा लात मारने पर विष्णु ने उसे क्षमा कर दिया तो विष्णु का क्या घट गया ? अर्थात् विष्णु की कोई हानि नहीं हुई, बल्कि उनका बढ़प्पन और बढ़ गया ।

शक्ति, पद, प्रतिष्ठा का मद किसे अहंकार की खाई में नहीं धकेल देता ? अहंकार हमारा कितना बड़ा शत्रु है, हमने इस ओर कभी ध्यान ही नहीं दिया ।

जहाँ अहं तहाँ आपदा, जहाँ संशय तहाँ शोक ।
कहें कबीर कैसे मिटैं, चारों दीरघ रोग ।।

अहंकार के साथ आपदा, संशय एवं शोक भी लगे हुए हैं । इनका उपचार बहुत कठिन है । ये चारों ही असाध्य रोग हैं । यदि उपचार है तो प्रभु का स्मरण करना । एक दोहे में उन्होंने यही उपचार बताया है कि हर कोई प्रभुता को रटता रहता है, प्रभु के नाम का स्मरण कोई नहीं करता । कबीर कहते हैं यदि प्रभु के नाम का स्मरण किया जाये तो प्रभुता अपने आप कदमों में आ जाये ।

इसी प्रकार मानवीय स्वभाव की अन्य कमजोरियों का उल्लेख भी कबीर करते हैं और मानवों को आगाह करते हैं कि उनसे बचने में ही भलाई है :

काम, क्रोध, मद, लोभ की, जब लग घट में खान ।
क्या मूरख क्या पंडिता, दोनों एक समान ।।

काम-वासना, क्रोधभाव, धन-पद आदि का मद जब तक ये आपके मन में स्थान बनाये रखते हैं तब तक मूर्ख और ज्ञानी में कोई अंतर नहीं । अर्थात् दोनों एक समान दुर्गति के शिकार होते हैं । विद्वान लोगों को चाहिए कि वे इनसे बचें, अपने मन को इनके प्रभाव से मुक्त कर लें तभी वे सुखी रह सकते हैं ।

गोधन गजधन वाजिधन और रत्न धन खान ।
जब आवै संतोष धन, सब धन धूरि समान ।।

जिनके मन में संतोष-रूपी धन आ गया है, वे वास्तव में दुनिया के शहनशाह हैं । अन्यथा गौएँ, हाथी, घोड़े और रत्नों की खानें भी मिल जायें तो भी मन में शान्ति नहीं मिलती । चैन नहीं पड़ता । व्यक्ति इनके लिए मन का सुख-चैन बर्बाद करके मारा-मारा

फिरता रहता है, किन्तु जब मन में संतोष भाव का उदय हो जाता है तो उस अत्यन्त मूल्यवान धन की प्राप्ति हो जाने पर सभी अन्य प्रकार के धन व्यर्थ लगने लगते हैं ।

कबीरा खड़ा बाजार में, सबकी चाहे खैर ।
न काहू से दोस्ती, और न काहू से बैर ।।

कबीर अपनी औघड़, दो-टूक, साहसी एवं मानववादी विचारना को इस दोहे में व्यक्त करते हुए भटके हुए लोगों को रास्ता दिखा रहे हैं कि किसी भी व्यक्ति के प्रति वैर भाव न रखते हुए, सबके लिए भलाई माँगनी चाहिए । किसी के प्रति स्नेहभाव होने से आसक्त होकर मोहनिष्ठ न हो जाना चाहिए । अनासक्त जीवन ही आदर्शवादी जीवन है । न किसी के प्रति शत्रुभाव रखना चाहिए, और न किसी के मोह में बँधना ठीक है । समभाव से जीवन व्यतीत करने से जीवन की वेदनाओं से जीव को बचाया जा सकता है ।

❑

कबीर का कर्मवाद में अटूट विश्वास

कर अग्रे वसते लक्ष्मी
कर मध्ये सरस्वती
कर मूले तु गोविंदा
प्रभाते कर दर्शनम् ।

भारतीय जीवन दर्शन मूलतः कर्मवादी और कर्म प्रधान रहा है । उक्त सूत्र में कर्मवाद की, कर्म में निष्ठा की स्थापना है । प्रातः जगने का भी विधान है । इसके अनुसार बिस्तर पर आँखें खुलते ही अपने दोनों हाथों को जोड़ कर हथेलियों को देखें । हाथों की उँगलियों के आगे के भाग पर यानी अंगुली-पोरों पर लक्ष्मी का निवास है । लक्ष्मी धन की देवी हाथों के अग्र भाग में रहती है । धरती पर या आकाश में लक्ष्मी का निवास नहीं । अर्थात् यह व्यक्ति के अपने श्रम पर निर्भर करता है कि वह कितना धन कमाये । यह भाग्य पर निर्भर नहीं करता, जैसा कि बाद के युगों में, अंधविश्वासियों ने भाग्यवादियों ने प्रचार कर गलत धारणाएँ लोगों के मन में बैठा दीं । फिर दूसरे क्रम में हाथ के मध्य भाग हथेली पर सरस्वती का निवास है । विद्या-ज्ञान-कला के अर्जन की ताकत भी आपके ऊपर निर्भर करती है । आपके हाथ में है विद्या-कला-ज्ञान अर्जन यह भी भाग्य पर निर्भर नहीं करता । दूसरा अर्थ यह भी है कि लक्ष्मी यानी धन का अर्जन कमाई आप सरस्वती-विवेक की कसौटी पर करें । जो विवेकसम्मत हो, उसे ही ग्रहण करें । और यह भी कि ज्ञान, विद्या आदि भी धन कमाने में सहायक होते हैं ।

तीसरे—गोविंद-प्रभु-ईश्वर का स्थान आप के हाथों के मूल में है । जहाँ से हाथ आरम्भ होते हैं । धन, विद्या—इंन दोनों का अर्जन-ग्रहण-कमाई—ईश्वर को साक्षी मान कर करें । प्रातः आँखें खुलते ही इस सूत्र को प्रतिदिन स्मरण करने का विधान एक तरफ अनुशासनबद्ध करना है व्यक्ति की सोच, मन को, तो दूसरी ओर उसे अधिक से अधिक आत्म-निर्भर और आत्मचेता बनाना है । कर्म-निष्ठ बनाना है, भाग्यवादी नहीं । यह तो दशा है धन-ज्ञान के अर्जन की । फिर धन के व्यय के विचार-सूत्र भी यहीं छुपे हैं । मात्र धन कमाना ही काफी नहीं है । धन के व्यय का विधान भी है । कमाये गये धन को सबसे पहले परमात्मा के, गोविन्द के काम में लगायें । स्व के, निज के अस्तित्व

को—आत्म को सुरक्षित, कायम रखने के साथ समूची धरती पर परमात्मा के—गोविन्द के, जीवमात्र की रक्षार्थ व्यय करना है । ध्यान रहे व्यक्ति का अस्तित्व भी जीव-मात्र से पृथक् कुछ नहीं है । अध्यात्म, चेतना के रक्षण-विकास के कार्यों में व्यय करना । तत्पश्चात सरस्वती-ज्ञान और विद्या के विकास हेतु धन खर्च करना । और इनसे बाद बचे धन को लक्ष्मी को बढ़ाने के काम में लगाना है । हमारे विचार में आज भारतीय लोग कर्म को उचित महत्त्व न देकर भाग्यवादी अधिक हो गये हैं । भारतीयों का और यों देश की निर्धनता का सबसे बड़ा कारण यही है । अन्यथा धरती—भारत की वसुंधरा इतना देती है, इतना कुछ अपने गर्भ में सुरक्षित रखे हुए है भारतीयों के लिए, जितना विश्व के किसी अन्य देश-प्रदेश में नहीं । विद्या-विवेक-कला की देवी सरस्वती की महती कृपा भी भारतीयों पर इतनी थी, कि वे ही विश्वभर में ज्ञान का प्रकाश फैलाने वाले प्रथम लोग थे । वेद (ज्ञान) को ही भगवान मानने वाली जाति धरती पर आज भी दूसरी नहीं है । बाद के भगवान 'हमें' याद रह गये हैं । भगवान के अवतारी रूप याद रह गये हैं—वेद (ज्ञान) को हमारे सभी भगवानों ने आगे बढ़ाया और जीना सिखाया है—इस पक्ष को हमने भुला दिया है । मात्र उनकी पूजा करके, यशोगान करके, आरती उतार कर अलग हो गये । अपने से अलग कर दिया । वरना भगवान या ईश्वर भी प्रकाश की, ज्ञान की अनुभूति ही है—मूल और प्रथम रूप में । जैसे नदी के जल में रहती हुई मछली का जीवन ही जल है । मछली के लिए जीवन कहीं पानी से अलग कुछ नहीं है, उसी प्रकार मानवों के लिए ईश्वरीय प्रकाश या अस्तित्व समूचे ब्रह्माण्ड में व्याप्त है जिसमें मनुष्य रह रहा है—साँस ले रहा है । इससे पृथक् ईश्वर और कुछ नहीं है ।

किन्तु इस उपलब्ध—सहज ही में मिली हुई ईश्वरीय अनुभूति को महसूस करने वाली मन देखने वाली आँखें हम गँवा बैठे हैं । हम भगवान को मंदिरों की मूर्तियों तक सीमित मान बैठे हैं । और मंदिरों की दीवारों में उन्हें सिमटा हुआ मान बैठे हैं । प्रायः यही मूढ़ता है मुख्य कारण, कि हमारे सामाजिक जीवन के सभी रूप कुरूप हो गये हैं । हिंसक, क्रूर, निर्मम और संवेदनाशून्य हो गये हैं । हम ईश्वर को मंदिर की दीवारों में घिरा-बैठा मानकर ही इतने उच्छृंखल, अराजक और अधम हो गये हैं । इतने कायर, लोभी और अमानवीय हो गये हैं । अन्यथा कोई कारण नहीं इतनी व्यापक हिंसा-हत्या, दुःख, उत्पीड़न और वेदना का । सब परस्पर इतने अविश्वास, भय, असुरक्षा में डूबे हुए कभी न थे ।

कबीर साहब ने अपने युग में इन सब बाहरी सामाजिक मूढ़ताओं मूर्खताओं को देखा था और इनका प्रतिकार किया था । उन्होंने कर्म और श्रम की महत्ता को स्थापित किया था । अपने जीवन में, अपने आदर्शों को ढालकर दिखाया भी । किन्तु सोये हुए को तो जगाया जा सकता है, जागे हुए को कोई क्या जगाये । यानी जो जानबूझ कर आँखें बंद किये सोने का बहाना करे उसे कैसे जगाया जा सकता है । यही स्थिति भारतवासियों की है । वे कबीर के जीवन-प्रमाण को देखकर नहीं देखना चाहते, नहीं

सीखना चाहते, कबीर ने सदा अपने हाथों से अपने लिए जीविका कमाई । दूसरों द्वारा कमाये को नहीं लिया । राम के नाम का ताना और राम के नाम का ही बाना लगा कर राम-नाम की चादर बुनते फिर स्वयं उसे ले जाते बाजार में बेचने । जो खरीद लेता उस राम (ग्राहक) को चादर सौंप कर घर चले आते । जो धन मिलता उसी में संतोष करते । अध्यात्म विवेक को कभी छोड़ा नहीं कबीर ने । हाथों के काम के साथ अजपाजाप चलता रहता । अर्थात् प्रत्येक श्वास के साथ राम के नाम का स्वयमेव जाप चलता रहता भीतर । अपने श्रम की कमाई से जो बचता उसे साधू-संतों की सेवा में खर्च कर देते । अतः सहज ही अनुमान लगाया जा सकता है कि कबीर मानवीय श्रम और कर्म को कितना ऊँचा स्थान देते हैं । काम ही राम है उनके लिए । जो अपने काम को भगवान की पूजा नहीं बना सकता उसके लिए पूजा का और कोई माध्यम या अर्थ नहीं है । हमारा पूरा जीवन ही भगवान की अनुभूति से भरा हुआ होना चाहिए । अलग से पूजा का कोई समय या स्थान निर्धारित करने वाले बड़े भुलावे में हैं । अतः जो-जो भी तुम्हारा काम है—घर में, समाज में, कार्यालय या दुकान आदि में, वह सब राम के लेखे किया जाने वाला सेवा या पूजा-कार्य है । भक्ति का कार्य है । इससे अच्छी उत्तम, श्रेष्ठ भक्ति और कोई नहीं हो सकती । गृहिणियाँ बच्चों को खाना पका कर खिलाते ममता की भावना से तो भरी हो सकती हैं किन्तु यदि वे आध्यात्मिक अनुभूति से भी भर कर सारे काम राम, ईश्वर या अल्ला के निमित्त करें कि ये सारे काम—झाड़ू लगाना, गेहूँ पीसना, गूँधना, पकाना-खिलाना—उसी की सेवा में किये जा रहे हैं तो इससे बड़ी पूजा या भक्ति या नमाज और कोई हो नहीं सकती । यही कबीर का कर्मवाद है, जिसे उन्होंने अपने जीवन से प्रमाणित किया । इस अनुभूतिमयता से सारा समाज और देश एक नयी क्रान्ति के द्वार पर पहुँच सकता है ।

❑

कबीर बादल प्रेम का

भला बना संयोग प्रेम का चोलना

कबीर का कहना है कि इस संसार में लोगों का आना परस्पर मिलना महज संयोग है । एक ही परिवार में सदस्यों का एकत्र होना—भाई-बहन-माँ-बाप-बेटा-बेटी—ये सब भी मात्र संयोग ही हैं । न जाने कौन-कहाँ से आया है । किस-किस योनि से होकर, चक्कर काटता हुआ यहाँ प्रकट हुआ है और न जाने किसे-कहाँ किधर जाना है ? अतः यह संयोग परस्पर प्रेम का आग्रह करता है । आपस के प्रेम का अर्थ ही परिवार है और फिर वृहत् मानव समाज भी एक परिवार ही है । बड़ा परिवार । इस विश्व-पारिवारिकता की बात को कबीर कई प्रकार से कहते हैं । यहाँ तो चार दिन का ठिकाना है । इस जीवन-अवधि में व्यर्थ ही मेरा-तेरा भेद बनाकर परस्पर लड़ना कोई बुद्धिमानी नहीं है । मनुष्य इसी संसार को और इसके यथार्थ को (बाहरी पक्ष को) सत्य मान बैठा है ।

मन तू क्यों भूला रे भाई ।
तेरी सुधि-बुद्धि कहाँ हेराई ।।
जैसे पक्षी रैन बसेरा बसे वृक्ष पर आई ।
भोर भये आपु आपु को, जहाँ तहाँ उड़ि जाई ।।

शाम होने पर जैसे पक्षी वृक्ष को अपना बसेरा बना लेते हैं । और सब मिलकर रात बिताते हैं । तथा भोर होने पर सब अपनी-अपनी दिशा में उड़ जाते हैं । ठीक इसी तरह मानवों का भी इस धरती पर वास है । रात भर का । मायामय । तममय । प्रकाश-दिन होते ही यहाँ से उसे चले जाना है । अतः मनुष्य व्यर्थ ही अपने को, अपनी वास्तविक स्थिति को भूला हुआ है । उसने इस सांसारिक माया-मोह में लिप्त होकर अपनी सुधि-बुद्धि भी खो दी है । मिथ्या को सत्य मान बैठा है । इसीलिए लड़ाई-झगड़े-दंगे-फसाद हैं । जबकि यह सांसारिक जीवन स्वप्नवत है :

सपने में तोहि राज मिल्यो है, हाकिम हुकुम दोहाई ।
जाग पड़े जब लाव न लस्कर, पलक खुले सुधि पाई ।।

सपने में मिले राज जैसा जीवन है । सपना टूटते ही न लाव रह जाता है न लश्कर । पलक खुलने पर, होश अपने पर ही सुधि आती है कि जो हम सत्य माने बैठे थे, वह तो निरा सपना था । मिथ्या था । तब इस मिथ्या, स्वप्नवत जीवन में लड़ाई

कैसी ? परस्पर वैर या वैमनस्य कैसा ? खून-खराबा किस लिए ? बंदे-बंदे में धर्म-मज़हब का कैसा भेद जबकि सब एक-जैसे स्थितियों, परिस्थितियों में घिरे-बँधे हैं । तब कैसे रहा जाये ? जीवन को कैसे-किस भाँति लिया जाए ? कबीर धर्म-गुरुओं की पेचीदा, उलझाने और भ्रमित करने वाली, उबाऊ बहसों-बातों में नहीं ले जाते । बल्कि हर व्यक्ति को सहज मार्ग, आसान रास्ता दिखाते हैं । अध्यात्म एक सतत अहसास है । जागृति है । वह कभी-कभार किया गया कोई बाहरी, औपचारिक, फालतू का काम नहीं । जैसे लोग दिनभर की मार-काट, झूठ-फरेब की कमाई, छल-कपट के व्यवहार के बाद शाम को मंदिर में नाक रगड़ लेते हैं कि चलो हो गये पाप-मुक्त । कर लिया भगवान को खुश । अगले रोज फिर वही कार्य । नहीं कबीर कहते हैं :

बैठे लेटे खड़े उताने कह कबीर हम वही ठिकाने

कि हरक्षण, हर क्रिया करते हुए—बैठते, उठते, लेटते, खड़े होते हम राम के अहसास में बने रहें । उसी ठिकाने राम-मंदिर में ही अपने को बनाये रखें । इसी अहसास में भरे रहें । बल्कि :

डोलत डिगौं न बोलत बिसरौं
जब उपदेश दृढ़ावौं

जीवन-गत सभी क्रियाएँ करते समय—बोलते, चलते-फिरते भी भगवान को कभी भी भूलना नहीं चाहिए । अपना प्रत्येक कार्य करते समय यह अहसास बराबर बना रहे कि हम यह सब परमात्मा के निमित्त कर रहे हैं । इस प्रकार रहने से हम प्रत्येक प्राणी के प्रति प्रेम से भरे रहेंगे । भावमय बने रहेंगे । भावपूर्ण होंगे । अभाव हमें तंग नहीं करेंगे । तब हम शत्रुता, ईर्ष्या, हिंसा से भी दूर होंगे ।

कबीर की वाणी वह चैतन्य नदी है जिसके जल के स्पर्श से कठिन-कठोर हर वस्तु विनम्र हो जाती है । वह चैतन्य वाणी के सिद्ध पुरुष थे । कुछ भी कह लेना उनके लिए सहज क्रिया थी । स्थिति, तथ्य, वस्तु जैसे स्वयं सजीव होकर बोल पड़ते हैं । उनका हृदय असीम प्रेम से आप्लावित हो उठा था । रास्ते में जो भी आया धन्य हो उठा । एक से एक मार्मिक उक्तियाँ, दृष्टान्त, उपमाएँ, अपने आप बिछ जाते हैं । यह स्थिति, ऐसे ही नहीं आ जाती । अपने बाहर-भीतर की एकता को लोक के बाहर भीतर की लय-नाद से जब तक कोई एकमेक न कर दे । अपने हाथ के काम को ही पूजा बनाकर स्वयं को ही परवान न चढ़ा दें :

तंतना-बुनना तजा कबीर ।
राम-नाम लिख लिया शरीर ।।

अपने उद्देश्य या कर्म के साथ तनमय, मनमय और आत्ममय जब तक न हो जाये कोई यह विलक्षण सिद्धि प्राप्त नहीं हो सकती कि आप स्थितियों, वस्तुओं, दशाओं के पार देख लें । यह अभिन्नता उन प्रिय से, राम से एक हो जाने से उपलब्ध हुई । और

प्रिय का ही यह सम्पूर्ण विस्तार है जब, तो फिर उस सबसे विभेद कैसा ? कबीर की आत्मा जिस जल में नहायी है, मन और देह जिस प्रेम-जल से भीगी है वह कोई बाहरी धरती की नदी का नहीं । राम की कृपा ही प्रेम का बादल बनकर बरस गयी है कबीर पर । इससे उनकी आत्मा तो भीगी ही, मन और देह, देह पर की सारी रोमावली ही स्फुरणों से भर गयी :

कबीर बादल प्रेम का, हम पर बरस्या आइ ।
अंतरि भीगी आत्मा, हरी भई बनराइ ।।

जीवन का समूचा व्यवहार, सोच, लोकाचार तब बदल जाता है जब व्यक्ति के मन की धुरी बदल जाये । केन्द्रीय बिन्दु बदल जाये । समूचे अस्तित्व के केन्द्र में राम-प्रेम आ जाये तो यह प्रेम का बादल बरसता है । देह के भीतर के वन-प्रांतरों में ठहरा-व्यापा जल वाष्पित होकर बादल के रूप में तभी बरसता है जब आप अपने भीतर सच्चे प्रेम से भर उठें । प्रत्येक क्रिया उसी के लेखे घटित होगी ।

हृदय से हृदय की भाषा का नाम है प्रेम । प्रेम एक अहसास है । विचार नहीं । मस्तिष्क नहीं । मन है । हृदय है । हृदय से मस्तिष्क का कोई संवाद नहीं । प्रतीति है । तर्क नहीं । समर्पण है । अधिकार नहीं । खोना है । पाना नहीं । यों खो कर पाना है । नदी जैसे अपने को खोती है । तालाब अपने को बनाये रखता है । खोता नहीं । वह क्या पाता है ! प्रेम खोने का नाम है । प्रेम—नदी होना है ।

कबीर मूलतः भक्त हैं । भक्ति उनका प्रेय है । भक्ति हृदय का विषय है । वह हृदय को लेकर बढ़े हैं । ज्ञान उनकी मजबूरी है । अपने समय में अपने युग में हिन्दू-मुस्लिम साम्प्रदायिकता ही नहीं और भी कई प्रकार के सम्प्रदायों की आग, द्वेष, ईर्ष्या, शत्रुता को देखकर उन्होंने उस जगदीश को पकड़ा जो दुई को मिटाता है । उन्होंने अध्यात्म-प्रसंग उठाया । और वहाँ से उठाया जहाँ तब न हिन्दू था, न ईसाई, न मुसलमान । इन धर्मों या सम्प्रदायों से पूर्व ईश्वर की अध्यात्म सत्ता की बात उठाते हैं कबीर । वैदिक या वेद-पूर्व की अध्यात्म-सत्य, प्रकृति की सत्ता और अनुभूति की । इसलिए उनका कहना है कि 'केशव' कहो या 'करीम' दोनों में कोई अंतर नहीं :

हमारे राम रहीम करीमा,
केसो अलह राम सति सोई ।
बिस्मिल मेटि बिसंभर एकै ।
और न दूजा कोई ।।

ये अंतर लोगों ने अपनी सीमित समझ से उत्पन्न कर दिये हैं । नामों के अंतर से ईश्वरीय सत्ता में अंतर या विभाजन नहीं हो जाता । कबीर की इस ज्ञानमूलकता या तर्कमूलकता के चलते और सगुण रूपों—अवतारी रूपों से पूर्व के निर्गुण रूप की भक्ति के कारण विद्वानों ने उन्हें ज्ञानमार्गी विभाजन में डाल दिया । अन्यथा कबीर ने सगुण

राम को भी साथ-साथ जपा है । नाम लिया है । सगुण-निर्गुण दोनों ही रूप उन्हें प्रेय हैं । किन्तु निर्गुण का पक्ष प्रबल और प्रमुख रहा है ।

इस प्रेम और भक्ति की जमीन पर खड़े होकर कबीर निर्द्वन्द्व और निर्भय हो गये । अपने युग-सन्दर्भ, लब्ध धर्म-सम्प्रदाय, साधना-भक्ति और अध्यात्म के ऐसे बिन्दु पर कबीर खड़े थे जहाँ वह सब से ऊपर अलग और बे-लाग होकर संवाद कर सके; जहाँ सबसे मुँहतोड़ प्रश्न कर सके, जिसके उत्तर किसी के पास नहीं थे । अध्यात्म साधना के सारे सार्थक तत्त्वों को लेकर उन्होंने उन सभी बाह्याचारों को छोड़ दिया जिससे द्वैत, द्वन्द्व उत्पन्न होते थे :

सद्‌गुरु के परताप तें मिटि गयौ सब दुख-दंद ।
कह कबीर दुविधा मिटी, गुरुमिलिया रामानन्द ।।

कबीर राम के प्रेम-रूपी बाण से बिद्ध और घायल हैं । इस जग में सब शक्तिशाली के ग्राहक हैं । और शक्तिशाली, शक्तिशाली को चाहता है । यह शक्ति भी सांसारिक है । मिट्टी और अँधेरे की है । भक्ति के घाव को पोसने वाले ही घायल को चाहते हैं । मिलते हैं । प्रसन्न होते हैं ।

रामानन्द गुरु के मिलने से भक्ति प्राप्त हुई जो दिशा मिली, उसे कबीर प्रेम-भगति कहते हैं । इस 'प्रेम-रस' ने उनकी आत्मा का विस्तार इतना किया कि जन्मों के भ्रमण एवं दुःख मिट गये । महारस पाकर महाविस्तार पा गये :

धावत जोनि जनम भ्रमि थके
अब दुखकैं हम हारयौ रे ।
कहि कबीर गुरु मिलत-महारस
प्रेम-भगति बिस्तारयौ रे ।

चौरासी योनियों में भटकने से मुक्ति और असीम सांसारिक दुःखों से छूटने के उपाय गुरु-कृपा और इस कृपा के प्रसाद रूप में मिलने वाली 'प्रेमा-भक्ति' है । यह तथ्य कई बार हम पहले भी स्पष्ट कर चुके हैं कि कबीर इस धरती पर विद्यमान जीवन और प्राण को ही राम मानते हैं । इस धरती पर मनुष्य सर्वश्रेष्ठ है तो उसके दायित्व अन्य प्राणियों के प्रति और भी बढ़ जाते हैं । मनुष्य-मात्र के प्रति तो हैं ही । इनकी पीड़ा, अभाव दुःख-दर्द से जुड़ना, राम से जुड़ना है । उसकी भक्ति करना है । अन्यथा सब व्यर्थ है । ढकोसला है ।

कबीर अपनी भक्ति और भक्ति में निष्ठा तथा प्रेम में इस सीमा तक चले जाते हैं कि वह एक अनूठे असीम आत्म-विश्वास से भरकर कह उठते हैं कि, "जहँ-जहँ भगति कबीर की, तहँ-तहँ राम निवास ।" यानी उन्होंने राम और भक्ति का क्रम ही उलटा दिया । 'जहाँ-जहाँ राम वहाँ-वहाँ भक्ति कबीर की' न कह कर अपनी भक्ति को राम की भक्ति से प्रथम और ऊपर गिन दिया । यह कोई हैरानी की या कबीर के अहंकारपूर्ण

कथन की बात नहीं । कबीर ने अहंकार को विसर्जित करके तो राम को पाया है । फिर राम को जगत् में व्याप्त पाया । तो जगत् में प्राण और चेतना के विस्तार में राम की भक्ति से कबीर के लिए भक्ति और उसके बीज रूप प्रेम प्रमुख हो उठे । यह अत्यंत स्वाभाविक है । कबीर ने 'स्व' और 'अंह' को मार कर अमर पद पा लिया है । अब, जब वह अपनी, भक्ति की या आत्म-श्लाघा की बात करते हैं, तो वह राम, भक्ति और प्रेम की बात होती है । व्यक्ति कबीर की नहीं । भक्त कबीर की । उसने राम-नाम के अमृत का पान कर लिया है । अब वह स्वयं भी ऐसे प्रेमियों की ढूँढ़ में लगे रहते हैं :

प्रेमी ढूँढ़त मैं फिरौं, प्रेमी मिलै न कोइ ।
प्रेमी को प्रेमी मिलै तब सब विष अमृत होइ ।।

कबीर को अपना-सा प्रेमी नहीं मिल रहा ढूँढ़े से । यदि मिल जाये तो जीवन का, जगत् का सारा विष अमृत हो जाये । जीवन तभी तक विष है और इसलिए है कि केन्द्र में प्रेम नहीं, राम नहीं, भक्ति नहीं । स्वार्थ है । पदार्थ है, ढोंग है । सोच व्यवहार के केन्द्र में ही खोट है । प्रेम से, राम से, भक्ति से, स्वार्थी, व्यापारिक, सौदागरी सरोकार बना लिया गया है । थोड़ी देर का । कभी-कभार का । चलो इस दिन या इस क्षण मंदिर हो आओ । या किसी मंदिर, गुरुद्वारे या मस्जिद, गिरजा के सामने से गुजरते-चलते-चलते ही थोड़ा सिर को नीचे की ओर झटका दे लिया । थोड़ा-सा झुका लिया । काफी है । पर नहीं । कबीर तो 'सीस उतारे भुँई धरे' की शर्त पेश करता है । इससे नीचे कुछ नहीं । इससे कम में बात नहीं है । 'सीस उतारने' से मुराद है अपने सोच, विचार, तर्क, द्वन्द्व सब कुछ छोड़ देना । मस्तिष्क को ही त्याग देना मस्तिष्क के सारे कार्य-व्यापार को तज कर हृदय को उसका स्थान देना । हृदय हो रहना । सब कुछ हृदय से देखना, करना, चाहना हृदय की आँख है प्रेम । प्रेम, परमात्मा का दूसरा नाम है । इस परमात्मा को साकार देखना हो तो उसे इस लोक में देखो । समूचे धड़कते, उड़ते, गाते, महकते, लहर-लहर बिछलते रूपों में देखो । देखो फिर कैसी ख़ुमारी आती है । कैसे भाव से आप भर जाते हैं । कैसे-कैसे अभावों को भाव में (प्रेम में) भरा हुआ पाते हैं । सब व्याधियाँ, सब आँधियाँ स्वयं नष्ट हो जायेंगी । कबीर प्रेम की प्राप्ति के लिए धनी-निर्धन होने की सीमाओं को भी किनारे करते हुए कहते हैं :

प्रेम न बारी ऊपजे, प्रेम न हाट बिकाये ।
राजा परजा जेहि रुचै, सीस देइ लै जाये ।।

यह 'प्रेम' न तो किसी बाड़ी में पैदा होता है कि गये और उखाड़ लाये । न किसी दुकान पर बिकता है कि गये और खरीद लाये । यह तो सीस देने—'मैं' को खोने, अहंकार को त्यागने और 'राम' तथा 'जीव' में दुई को खोने में है । जिसे यह सौदा रुचे, पसंद आये वह कर ले । अपने आत्म को जगाना है और बाहर फैले, व्यापक परम-आत्म में मिलाना—एकाकार करना है । ऐसा करने पर ही कबीर कह सके :

मेरा मन सुमिरे राम कूं, मेरा मन रामहि आहि ।
इब मन रामहिं है रह्या, सीस नवावौं काहि ।।

कबीर राम का नाम स्मरण करते-करते स्वयं राम हो गया, अब जब मन ही राम हो गया, उनका 'स्व' या 'मैं पन' जाता रहा तो वह कहते हैं कि मैं राम को अब सीस क्या नवाऊँ । अर्थात् अब नवाने को सीस ही नहीं रहा तो क्या नवाया जाये । अब तो सब मिलकर राम शेष रह गया है ।

कबीर की 'प्रेम-भक्ति' ही 'भाव-भक्ति' है । नारद भक्ति सूत्र के अनुसार भी भक्ति ईश्वर में परम प्रेम का रूप है । इसलिए मनसा वाचा कर्मना अपने सभी कर्मों आचारों को ईश्वर के प्रति समर्पित कर देना है । जब भी इस भक्ति से मन विरत हो या भूल जाये तो अत्यन्त व्याकुलता अनुभव करे । यों नवधा भक्ति और उसके प्रायः सभी प्रकार कबीर की वाणी में मिल जाते हैं, किन्तु कबीर ने न तो कभी इस प्रकार भक्ति के रूपों को जानने की चिंता की, न वर्णन करने की । उनकी आत्म-निवेदन की प्रक्रिया में स्वयं सभी रूप व्यक्त होते रहे । वैष्णव-भक्ति परम्परा में न वह निष्णात थे, न वेद-शास्त्रों से वास्ता । फिर भी एक से एक मौलिक, मार्मिक, बेजोड़ उक्तियों से कबीर ने अपने सूक्ष्म भक्ति-भाव को उसके कई-कई आयामों को बड़ी कुशलता से व्यक्त किया है । दास्य भाव की भक्ति का एक उदाहरण लें :

कबीर कूता राम का मुतिया मेरा नांउ ।
गलै राम की जेवड़ी, जित खैंचै तित जांउ ।।

दास्य भाव की यह पराकाष्ठा है । कुत्ते की स्वामि-भक्ति बे-जोड़ मानी गई है । कबीर स्वयं की राम के प्रति निष्ठा को व्यक्त करते हुए स्वयं को राम का कुत्ता कहकर और गले में राम की ही रस्सी बँधे होने तथा उनके खींचने से जिधर वह चाहें उधर जाने की बात करते हैं । दास्य भाव के सभी लक्षण यहाँ मूर्त्त हो उठे हैं । इसी प्रकार कांताभाव की भक्ति को व्यक्त करते हैं :

हरि मोरा पिउ मैं हरि की बहुरिया ।
राम बड़े मैं तनक लहुरिया ।।

पति-पत्नी की अंतरंग, आत्मीय निकटता के रूपक के माध्यम से हरि और अपने सम्बन्धों को कबीर ने उक्त पंक्तियों में रखा है । इस प्रकार अन्य अनेक रूप भी उनकी वाणी में सहज ही व्यक्त मिलते हैं । अपनी उत्कटता में सहज ही व्यक्त मिलते हैं । "हरि जननि मैं बालक तेरा" में वात्सल्य भाव, "मेरा मुझ में किछु नहीं, जो किछु है सो तेरा, तेरा तुझ कौं सौंपते, क्या लागै मेरा" में सर्वस्व समर्पण के भाव व्यक्त हैं । प्रेम के वियोग पक्ष के भी मार्मिक चित्र मिलते हैं :

अंषड़ियाँ झाईं पड़ी, पंथ निहारि-निहारि ।
जीभड़ियाँ छाला पड़या, राम पुकारि-पुकारि ।।

पिया-राम का पथ जोहते-जोहते आँखों में झाईं पड़ गयी और नाम पुकारते-पुकारते जीभ में छाले पड़ गये ।

कबीर की वाणी में प्रेम के संयोग-वियोग के रूपों के अतिरिक्त विश्व-व्यापक रूप या ब्रह्मांडीय रूप भी मिलता है । मिट्टी की कई-कई तहों को फोड़कर आकाश-प्रकाश में आयी कोपल हो या पौधे पर खिले-महकते फूल हों, पत्तियाँ हों, उनके प्रति भी संवेदित होते हैं कबीर । सच्चे प्रेमी को हर कहीं प्रभु की उपस्थिति दिखाई पड़ती है । अपने 'स्व' के, 'आत्म' के विस्तार के बाद तो प्रकृति हो या मानव जहाँ कहीं भी जीव या प्राण है उस सबके प्रति वह अत्यन्त संवेदनशील होता है । पशु-पक्षी की पीड़ा-व्यथा उसे किसी भी प्रकार कम नहीं लगती । समस्त जड़-चेतन के साथ आत्म-सम्बद्धता अनुभव करता है । ब्रह्माण्ड के प्रत्येक अणु में वह ईश को मौजूद पाता है । कबीर की वाणी में ऐसे अनेक प्रसंग, दृष्टांत, उल्लेख मिलते हैं जहाँ जीव-दया से आगे जीवात्मा एवं जड़-चेतन के साथ अपने को जोड़कर देखने का ही नहीं बल्कि पत्ती, फूल, फल को ईश्वर का रूप माना गया है ।

पाती ब्रह्म पुहपे विष्णु, फूल फल महादेवा ।
तीनि देवौ एक मूर्ति, करै किस की सेवा ।।

कबीर ग्रंथावली के इस पद में पत्तियों को ब्रह्मा, पुष्पों को विष्णु तथा फूल-फलों आदि को महादेव का स्वरूप माना गया है । कबीर मालिन को यही प्रबोध देते हुए कहते हैं कि इन्हें तोड़ कर भगवान की मूर्ति पर चढ़ाने—पूजा करने को ले जाना पाप है ।

भूली मालिन पाती तोड़े, पाती-पाती सीव ।
जो मूरति को पाती तोड़े, सो मूरति नर-जीव ।।

कबीर जिस ध्यान-योग, भाव-समाधि, भाव-भगति की बात करते हैं, वस्तुतः वे परमात्मा के साथ सम्यक प्रकार से संयुक्त हो जाने, मिल जाने की 'योग' की बात है । इस स्थिति में पहुँचकर मन में 'दुई' की, भिन्नता की कोई रेख नहीं रह जाती ।

है कोई ऐसा सूरमा प्रेमी जो अप्रने प्राणों की (अहंकार 'मैं') चिंता छोड़ कर प्रेम-पथ में बढ़े ? यदि कोई ऐसा है तो ऐसे भक्त के लिए, कबीर कहते हैं, भगवान स्वयं आगे बढ़ कर उसे सँभालते हैं ।

कबीर सूरे सीस उतारिया, छांड़ै तन की आस ।
आगैं थे हरि मुलकिया आवत देख्या दास ।।

❑

कबीर का सहजयोग, राजयोग है

कहत कबीर मैं कछु नहिं कीन्हा ।
सहज सुहाग राम मोहि दीन्हा ।।

यह क्या है जो कुछ न करने पर मिल जाता है ? यानी वह जो हम न करें तो ही हमें मिलता है ? 'सहज सुहाग' क्या चीज है ? राम किस सुहाग के देने वाले हैं ! और वह तभी देते हैं सहज सुहाग जब आप कुछ न करें । यानी धर्म के क्षेत्र की वे कौन-सी विशेष क्रियाएँ, पूजा-पद्धतियाँ हैं, जिनको न करना, करने की अपेक्षा राम अच्छा मानते हैं । सहज दे देते हैं ? निश्चय ही अनुभूति रहित मृत्त, यंत्रवत धार्मिक आनुष्ठानिक क्रियाएँ बरजना रहा होगा । जप-तप के बाहरी क्रियाकलाप, माला, तिलक छापा, बाहरी साज-शृंगार, तीर्थ-यात्रा, हज करना, ऊँचे-स्वर में अज़ान देना आदि रहा होगा । क्योंकि जब धर्मों में बाह्य-आडम्बर, दिखावा मात्र शेष रह जाते हैं--समाज में इनकी पूछ और महत्त्व बढ़ जाते हैं--आत्मा की पुकार और अनुभूति शून्य हो जाते हैं तभी इनके विरोध के स्वर उभरते हैं और धर्म की सच्ची अनुभूति की माँग उठती है । भले ही क्षीण स्वर में । कोई विरल व्यक्ति कोई पागल, कोई अनूठा अस्तित्व सामने आता है और धर्मांधों को पुनः भीतरी, सरल, सहज, निश्छल आत्मिक अनुभूति से जोड़ देता है ।

कबीर के समय अनेक प्रकार की असहजताएँ, धर्म के नाम पर पूजी जा रही थीं, महत्त्व पा चुकी थीं । आडम्बरी लोग धर्म पिपासुओं, जिज्ञासुओं को अपनी ऊटपटाँग, ढोंगभरे प्रभावित करने वाले चमत्कारों से भ्रमित कर रहे थे । चाहे वे नाथ, सिद्ध योगी हों, या हिन्दू-ब्राह्मण या मुस्लिम-मुल्ला हों, सब बाह्याचारों को लेकर धर्मानुभूति से इतना दूर निकल गये थे कि समाज में ढोंग ही धर्म मान लिया जाने लगा तथा आन्नद की अनुभूति, सहज सुख के लिए आत्माएँ तड़पने लगीं । कबीर ने कहा :

है कोउ संत सहज सुख उपजै जाको जप-जप देउँ दलाली
एक बूँद भरि देइ राम-रस, ज्यों भरि देइ कलाली ।

कोई संत है जग में जो मुझे राम-रस की एक बूँद दे दे । कलाली--इत्र बेचने वाले गंधी की भाँति राम-रस की एक बूँद चुआ दे आत्मा में, जिससे सहज सुख उपजे ? कबीर उसे दलाली के रूप में अपना सारा किया हुआ जप-तप और उससे मिलने वाला पुण्य देने को राजी हैं । है कोई ऐसा संत तो सामने आये ? सौदा करे ? अच्छा सौदा है ! एक

बूँद राम-रस के बदले जीवन भर किया हुआ सारा जप-तप ! कबीर जानते थे कि इन ढोंगी लोगों ने समाज में अपनी स्थिति ढोंग और आडम्बर के बल पर बना रखी है । और असहजताओं के सहारे ये अपनी दुकानें चला रहे हैं । कबीर ने सहज का रस चखा था । वह उल्टे पानियों में तैरने वाले दुःसाहसी तैराक थे । हर तरह की, युग की असहज धार्मिक प्रचलित पद्धतियों के विरुद्ध जाकर उन्होंने ललकारा 'है कोई संत जो उन से जप-तप की दलाली लेकर भी राम-रस की एक बूँद का पान करा दे ?' सहजयानी सिद्धों तक को चुनौती थी यह, क्योंकि उनकी साधना-पद्धति भी इतनी पेचीदा एवं रहस्यपूर्ण हो आयी थी, कि लोगों को उसमें भी रस न रह गया था ।

भाषा की तरह धर्म के भी दो रूप प्रवाहित रहते हैं समाज में । एक विधि-विधान सम्मत, विशिष्ट नियमों पर आधारित । इसके अलग-अलग देश-काल और पूजा-विधियों के अनुसार अलग-अलग रूप होते हैं । वे परिस्थिति-समयानुसार परिवर्तित होते रहते हैं । किन्तु दूसरा जन में, लोक में प्रचलित सामान्य रूप, जो अनुष्ठान-विधियों से मुक्त समाज में अनौपचारिक रूप में प्रवाहित रहता है । इसलिए इसमें जड़ता, नीरसता, रूढ़िबद्धता कम प्रवेश कर पाती है । यह रूप लोक-विश्वासों-व्यवहारों में जीता और मुक्त रहता है । यह स्वरूप वेद का नहीं स्वसंवेद का सहारा लेकर चलता है । कबीर ने भारतीय समाज में धार्मिक दृष्टि से—हिन्दू-मुसलमान—दोनों धर्मों में आयी रूढ़िबद्धता, जड़ता, को लक्ष्य किया और उन पर तीखे आक्रामण किये ।

सहज योग जीवन में सहज जगी आत्मानुभूति के पर्याय के रूप में लिया जा सकता है । यह साधना का वह रूप है जिससे साधक को कोई विशेष प्रयत्न नहीं करना पड़ता । यहाँ जो होता है वह सहज ही होता है—"सहज होय सो होय"—(कबीर) । यह सहज होना कितना कठिन है ! कैसा तप है ! कैसी साधना है !

हाँ, यह सचमुच साधना है ! योग के इस सहज स्वरूप के पीछे अयत्नज साधना है । साधना तो है ही; किन्तु ऐसी जो प्रयत्नपूर्वक न की जाये । जिसके लिए कोई कोशिश न हो । अपनी ओर से कोई तैयारी न हो । आडम्बर न हो । दिखावा न हो । फिर भी वह हो । सहज हो ! जैसे साँस अपने आप आती जाती है । ऐसे हो । जैसे दिल की धड़कन चलती है अपने आप । ऐसी हो । सहज की उनकी अवधारणा में 'शब्दब्रह्म' है । और 'शब्दब्रह्म' ही 'सहजशून्य' है । क्योंकि ब्रह्म का स्वरूप सहज स्वीकार किया है । इसी शब्दब्रह्म या सहजशून्य में मन का लय होना ही सहजयोग है । इस अवस्था को 'उन्मनावस्था' कहा जाता है । यही समाधि की अवस्था भी है ।

इहु मन ले जो उनमनि रहै, तौ तीनि लोक की बात कहै । (कबीर)

तीनों लोकों का ज्ञान प्राप्त हो जाता है, इस मानसिक अवस्था में । कबीर का एक समूचा पद सहजयोग—अर्थात् समाधि की अवधारणा को भली प्रकार स्पष्ट करता है :

संतो ! सहज समाधि भली ।
साांई ते मिलन भयो जा दिन ते, सुरत न अंत चली ।। संतो.
आँख न मूँदूँ कान न रूँधूँ, काया कष्ट न धारूँ ।
खुले नैन मैं हँस-हँस देखूँ, सुंदर रूप निहारूँ ।। संतो.
कहूँ सो नाम सुनूँ सो सुमिरन, जो कुछ करूँ सो पूजा ।
गिरह-उद्यान एक सम देखूँ, भाव मिटाऊँ दूजा ।। संतो.
जहँ-जहँ जाऊँ सोई परिकरमा, जो कुछ करूँ सो सेवा ।
जब सोऊँ तब करूँ दंडवत, पूजूँ और न देवा ।। संतो
शबद निरंतर मनुआ राता, मलिन वचन का त्यागी ।
उठत-बैठत कबहुँ न बिसरे, ऐसी तारी लागी । संतो.
कहै कबीर यह उन्मुनि रहनी, सो परगट कर गाई ।
सुख-दुःख से इक परे परम सुख, तेहिमें रहा समाई ।। संतो.

सहज समाधि की अवस्था में क्या-क्या घटित होता है, मन की क्या दशा होती है, और साधना की कौन-कौन सी क्रियाएँ करनी होती हैं, उक्त पद में कबीर साहब ने उन्हें गिनाया है । इस समाधि एवं योग के लक्षण गिनाए हैं ।

कबीर जी के अनुसार सच्चा योग घर में ही, कार्य-स्थल पर ही संभव है । सहज ही शून्य में समा जाना, परमपद प्राप्त कर लेना सहज योग है । काया की शुद्धि भी सहज ही हो जाती है , यदि भाव की शुद्धि हो तो । हठयोग की—शरीर शोधन की क्रियाओं से संभव नहीं—"साधो, सहजै काया सोधो । जैसे वट का बीज ताहि में पत्र-फूल-फल-छाया । काया मद्धे बीज बिराजे, बीजा मद्धे काया ।"

आत्म या भाव की शुद्धता से शारीरिक शुद्धता अपने आप घटित हो जाती है । भाव को साध लेने से काया भी स्वयमेव सध जाती है । जैसे वट के बीज में पूरा वट-वृक्ष छुपा-सोया रहता है । उसके जागने से, सक्रिय होने से पूरा वट-वृक्ष सहज ही प्रकट हो जाता है । फल-फूल-छाया प्रकट हो आते हैं । ऐसे ही तुम्हारी आत्मा में, भाव में समूची देह छुपी रहती है । भाव के खिलने से देह भी खिल आती है । सब प्रकार का आनन्द बरस जाता है । अतः वह मानते हैं कि घर में गृहस्थी करते, घर के काम-काज करते हुए मन से अजपा जाप करते, ब्रह्म में सुरत लगा कर, सहज ही साईं से मिलन हो सकता है—"घर में जोग भोग घर ही में, घर तज बन नहिं जावै । घर में जुक्त मुक्त घर ही में, जो गुरु अलख लखावै । सहज शून्य में रहे समाना, सहज समाधि लगावै । उन्मुनि रहै ब्रह्म को चीन्है, परम तत्व को ध्यावै ।"—यहाँ सहज समाधि की विधि भी बता दी गयी है । इस समाधि में न तो आँखें मूँदनी पड़ती हैं और न कान बंद करने पड़ते हैं, न काया को तरह-तरह से कष्ट देकर, तपा कर, कृच्छ-कमजोर करने की आवश्यकता होती है । बल्कि खुली आँखों साईं के दर्शन करना, उसके सुंदर रूप को हँस-हँस कर निहारना संभव होता है । भक्त जो कहता-बोलता है वही नाम-जप है । जो कुछ सुनता है, वही प्रभु का

सुमिरन होता है । और जो कुछ भी कार्य करता है, वही सच्ची पूजा होती है । ऐसे में घर और बाग में कोई अंतर नहीं रहता, जहाँ-जहाँ भक्त जाता है इस मनःस्थिति में वही उसके लिए भगवान की परिक्रमा और जो कुछ करे वही सेवा होती है । सोने के लिए लेटना ही दंडवत प्रणाम होता है । मलिन शब्दों का त्याग तथा अध्यात्म शब्दनाम में मन निरंतर रत रहता है । उठते-बैठते कभी भी प्रभु को न भूलना—ऐसी ताड़ी लगाना—नजरों में साईं को लक्ष्य किये रहना—ऐसे में सुख-दुःख के पार परम सुख और आन्नद में सदा समा जाना ही सहजयोग या सहज समाधि में रहना है ।

कबीरदास की 'सहज' और 'शून्य' की अवस्था योगियों की सहजावस्था से भिन्न इन अर्थों में भी है कि 'राम' ही उनकी सहजावस्था का आनन्द है यहाँ पहुँच कर भक्त और राम एकमेक हो जाते हैं—दुई मिट जाती है । बस एक ही रह जाता है—राम ।

सहजै सहजै सब गए, सुत बित कामिनी-काम ।
एकमेक हवै मिलि रह्यौ, दास कबीरा राम ।।

सहजावस्था तक पहुँचने का मार्ग अनासक्ति योग है । घर-परिवार में रहते मोह-माया से मुक्त होते जाने, आसक्ति रहित होते जाने से मानसिक रूप में सहजावस्था उपलब्ध होती है । अन्यथा सहज की चर्चा हर कोई करता है । पर संतान, धन-सम्पत्ति, स्त्री और काम के मोहपाश में फँसा रहता है । अनासक्त होने से सहज ही माया के फंदे से छूट जाता है और हरि में मिल जाता है । एक लय हो जाता है :

सहज सहज सब कोई कहै, सहज न चीन्है कोई ।
जिन्ह सहजैं हरिजी मिलैं, सहज कहीजै सोई ।।

कबीर साहब ने कर्म और ज्ञान में भक्ति और योग का अद्‌भुत मेल करके सहजयोग को सम्भव बनाया है । यह सहज पद्धति भी है और सिद्धि भी । राम तक पहुँचने की राह भी है और राम भी । भाव भी है और भाव की लय भी । तभी राम सहज ही सुहाग प्रदान करते हैं । इस सिद्धि की प्राप्ति के लिए सृष्टि में व्याप्त प्रकाश, चैतन्य, राम रूप में स्वयं को लय करके जीवन के कार्य करते चलने से माया से मुक्ति मिलती है और राम से मिलन होता है । इस प्रकार कबीर साहब जीवन-समाज में ज्ञान-कर्ममय भाव की साधना पर बल देते हैं । इस जीवन को सुधारने को आगे रखते हैं ।

❑

कबीर समन्वयवादी नहीं : एकात्मवादी

एक सार्वजनिक हिंसा का महामार्ग है, तो दूसरा राजनीति के अपराधीकरण का, तीसरा मार्ग संवेदना-विहीनता का है तो चौथा साम्प्रदायिकता का—ये चारों महामार्ग आज जहाँ निर्बाध रूप में मिल रहे हैं, उस चौराहे का नाम भारत है ! ऐसे भारत में जहाँ अत्याचार के बढ़ने पर भगवान के अवतार रूप में जन्म लेने की अनेक कथाएँ प्रचलित हैं और भगवान का अवतार लेना अटल विश्वास माना जाता है, वहीं सब मिलकर, सब प्रकार के अनाचार-अत्याचार और हत्याचार में संलग्न हैं ! किसी भी जाति के सामूहिक मन पर ऐसा अंध-विश्वारी लौह पर्दा, आज के युग में और कहीं पड़ा हुआ नहीं दिखता । मजा यह है कि भारतीय समाज ने इतिहास से लगता है कुछ भी नहीं सीखा । कुछ सीखना भी नहीं चाहता । सब कुछ अपने आप होगा, ऐसा जड़ विश्वास उसके अवचेतना तक बिंधा हुआ है । उसे अपने आप कुछ करने की जरूरत नहीं । हाँ, वह इन अर्थों में और इन दिशाओं में जरूर सक्रिय है, जिससे अवतार जल्दी ही प्रकट हो जाए । वह भी इस विश्वास के साथ कि अत्याचार-लिप्त कोई और ही है । उसी के विनाश का प्रथम नम्बर लगने वाला है । यानी प्रत्येक व्यक्ति दूसरे को दोषी मानकर चल रहा है । हमें कोई भी व्यक्ति स्वयं को दोषी मानता हुआ नहीं मिला । मिलेगा भी कैसे प्रत्येक की जेब में अपने प्रति किये गये दूसरों के गुनाहों की सूची तैयार रखी है । ऐसा सिर्फ आज ही नहीं घटित हो रहा । हाँ, पहले की अपेक्षा आज गुणात्मक अंतर दिखाई पड़ रहा है । सबके लिए सुख और भला चाहने वाला युग गया । अब तो सब के लिए अनिष्ट और दुःख माँगने का युग है ! यों कबीर का युग कोई अपवाद नहीं था । किन्तु दुःख और भय का कारण यह है कि आज के युग के पास कबीर भी नहीं है और लोग पहले से ज्यादा जड़, ढोंगी, तमाशबीन और निर्लज्ज !

कबीर के युग में ही इतना ढोंग, बाह्याचार, कृत्रिमता और साम्प्रदायिकता बढ़ चुकी थी कि उन्होंने खुले शब्दों में चौराहे पर इन सबका खंडन किया । सम्प्रदायगत सीमित विचारों, बाह्याचारों की व्यर्थता ने कबीर को ऐसी अछोर वितृष्णा से भर दिया, कि जो आजीवन उलीचते रहने के बावजूद नहीं रींती । फिर हमारा वर्तमान तो घोर असंगतियों, विकट विडम्बनाओं, निर्मम सामूहिक हत्याओं के अम्बार से ढका है । धर्म-अध्यात्म की अनुभूति की क्या कहें, सहज मानवीय संवेदन तक दुर्लभ होते जा रहे हैं । इससे आज का व्यक्ति इतना भयभीत है कि अपने से भी लुका-छिपा बैठा है । अपने ही भीतर दुबक

गया है । चेहरों के भीतर चेहरे लगाये बैठा है । कई-कई चेहरों की पर्तें उधेड़ो तो भीतर जो मिलता है वह अत्यन्त निरीह, अत्यन्त क्षुद्र, अत्यन्त दुःखी, अत्यन्त भयभीत ! यदि शेर है, उत्साही है तो अपने मृत्तिक स्वार्थों, भौतिक उपलब्धियों के निमित सर्व-संहारक संघर्ष के लिए । अंतिम लड़ाई लड़ता हुआ । मारने और मरने, लूटने-खसूटने के तरीकों-तर्कों में चिंतित और व्यस्त ! ऐसे तथाकथित भक्तों (अच्छे इन्सानों) की भी कमी नहीं, जो मंदिरों-मठों-गुरुद्वारों-मस्जिदों में जाकर वहाँ के पत्थर-ईंट, लोहा-चूना के फर्शों पर नाक रगड़ते मिलेंगे या मनौतियाँ मानते या अमूर्त अल्लाह या ईश्वर को ऐसे पुकारते हैं जैसे वह मात्र वहीं और उन्हीं की खातिर प्रतीक्षा में बैठा कोई जिन्न-भूत हो और जो अपने भक्त (आका) की इच्छा पूरी करने को रुका है । और कि जिसे कार्य कर देने के बदले पैसों का चढ़ावा चढ़ायेंगे या भोग लगायेंगे या चदरा चढ़ायेंगे, जैसे अल्लाह या ईश्वर इनके निमित्त ब्रोकर, बिचौलिया; या दलाल हो । अपनी कमीशन पाने की गर्ज से इनके लिए दुकान खोले बैठा है । दूसरी ओर इन लोगों ने निर्लज्जता, बेवकूफी, मक्कारी, अमानवीयता, क्रूर नृशंसताओं की सारी हदें पार कर ली हैं । और निरंकुश व धुरीहीन हो गये हैं ।

आज भारत में कोई भी ऐसा बुलंदी का और निष्पक्षता की पुख्ता जमीन पर खड़ा व्यक्ति नहीं, जो हिन्दू-मुसलमानों दोनों को फटकार सके और कह सके कि तुम दोनों अंधे हो, मूर्ख हो यदि परस्पर बाह्य प्रतीकों, ठिकानों के लिए—पत्थर, ईंट, चूने, लोहे के इबादतघरों, मंदिरों, मसजिदों के लिए जिंदा इन्सानों को मारने पर तुले हो; कह सके कि तुम अधम हो ! नर-पिशाच हो, क्योंकि तुम जिंदों को पहले मुर्दा बनाते हो, फिर उनकी लाशों की राजनीतिक मुनाफाखोरी में जुट जाते हो । यह सिर्फ कबीर कह सकता था- **"अरे इन दोनों सूझत नाहीं ।"** और कि

"पढ़ि-पढ़ि के पत्थर भया, लिखि-लिखि भया जु ईंट"

(कबीर, पृ. 145)

वे साफ दोनों मतों से अपने को अलगा लेते हैं और पत्थर और ईंट होने की नियति से भी सावधान करते हैं ।

आज भी समन्वय का समय नहीं । कबीर समन्वयकारी नहीं थे । उन्हें समन्वयकारी कहना बिल्कुल गलत है । बड़ी गलती को और आगे बढ़ाने के लिए एक और गलती करना है । कबीर दोनों धर्मों के मर्म को पहचानते और समान और एक बताते थे । दोनों के बाह्याचारों के कट्टर विरोधी थे जिनके कारण दोनों में विरोध वैमनस्य और शत्रुता बनी हुई थी ।

यदि बाह्याचारों को छोड़ दें तो दोनों में क्या और कहाँ फर्क रह जाता है ? कबीर यही सब कहता-कहता थक गया । कोई सुधरा नहीं । न मुल्ला । न पंडित । हाँ, थोड़ा शर्माने-घबराने जरूर लग गये थे ।

किन्तु आज इनकी मूर्खताएँ फिर जवानी पर हैं । इनकी हरकतें फिर रवानी पर हैं।

मस्जिद और मंदिर की लड़ाई उभर आयी है । साफ नहीं कहते कि ये जातीय प्रभुत्व की लड़ाई है ।

चारित्र्य-शुद्धि बनाम आत्म-शुद्धि

हंस कबीर का सारा आग्रह धर्म, मजहब के बाहरी प्रतीकों की अपेक्षा आत्म-शुद्धि और आचरण-शुद्धि पर है । चरित्र-बल ही आत्म-बल है । देह-मन के आधारों पर व्यक्ति, किसी भी मजहब-धर्म का व्यक्ति अनेकानेक भेदों में पड़कर गलतियाँ करता है । धर्म-मत की विभिन्नताओं का आधार भी बाह्याचार है । आत्मिक आचार तो, धर्म तो, सबका एक है । चाहे मनुष्य हो या उनके मज़हब या धर्म या मत । विधि-निषेध ही एक को दूसरे से अलगाते हैं ।

मोटे रूप में जैसे पहने हुए बाहरी वस्त्रों की भिन्नता—में कपड़े की, रंगों की, काट या डिजाइन की, आकार-प्रकार की भिन्नता—कई प्रकार की है; किन्तु उन पहने हुए कपड़ों की भिन्नता के नीचे चमड़ी की भिन्नताएँ अपेक्षतया कम होती हैं । और चमड़ी के नीचे, देह के भीतर मानसिक वृत्तियों में चमड़ी की भिन्नता से कम भिन्नता होगी । रोना, हँसना, प्यार, घृणा के मूल भावों में सब एक समान हैं, उन्हें प्रकट करने के हाव-भाव, स्थान-स्थिति की भिन्नता से पृथक् हो सकते हैं । और अंततः आत्मिक स्तर पर सब एक अभिन्न धरातल पर आ खड़े होते हैं । इसी आंतरिक धरातल पर चारित्रिक शुद्धि पर बल देने से जातीय, मजहबी विभिन्नताएँ समाप्त हो जाती हैं । क्योंकि दोनों हिन्दू और मुसलमान ने अपना-अपना साहिब और उसकी कल्पना भी अलग-अलग बना रखी है :

> **न जाने तेरा साहब कैसा है ।**
> **मसजिद भीतर मुल्ला पुकारै, क्या साहब तेरा बहिरा है ?**
> **चिउंटी के पग नेव बाजे, सो भी साहब सुनता है ।**
> **पंडित होय के आसन मारै, लंबी माला जपता है ।**
> **अंतर तेरे कपट-कतरनी, सो भी साहब लखता है ।।**

इन धार्मिक पद्धतियों का विरोधाभास और विडम्बनाएँ दिखाकर कबीर सामाजिक-आर्थिक विभेदात्मक-विडम्बनाएँ भी दिखाते हैं :

> **सतवंती को गजी मिलै नहिं, वेश्या पहिरै खासा है ।**
> **जेहि घर साधू भीख न पावै, भंडुवा खात बतासा है ।**

उक्त एक ही पद में धर्माचारों के साथ सामाजिक व्यवहारों को जोड़ने की मनसा से कबीर जी के अभिप्रेत पर सहज ही पहुँचा जा सकता है । जिस समाज में सतवंती को जरूरी वस्त्र तक पहनने को न मिले और साधू (सच्चरित्र संत व्यक्ति) भीख भी न

पा सके और दूसरी ओर वेश्या आवश्यकता से अधिक वस्त्र पहने और भंडुवा बतासा खाये—ऐसे समाज और व्यक्तियों के सोच-व्यवहार-बरताव के भ्रष्ट आचरणों पर कबीर को सख्त आपत्तियाँ हैं । व्यक्तियों की भाँति समूचे समाज के चरित्र-व्यवहार को कबीर नकारते हैं और मानवीय, सद्व नेक बर्तावों की जरूरत को महत्त्व देते हैं । मनुष्य के सम्पूर्ण सोच के केन्द्र में वह आत्मिक-बिंदु को स्थापित देखना चाहते हैं । आत्मिक आध्यात्मिक केन्द्र से सब सोच, व्यवहार, धर्म, मत, आचरण को परिचालित देखना चाहते हैं । आत्मिक, मानवीय, संवेदनात्मक आचरणों से विहीन सोच-व्यवहार अश्लीलता है । यह वेश्यायी चलन है । यह भंडुवागिरी है । इतने तीखे, दो-टूक प्रहार करने वाले के पाँवों तले कितनी और कैसी पुख्ता सच्चरित्रता-आत्मीयता की ज़मीन है, कि वह बे-खौफ सामने वाले पर उँगली उठा देता है । इन व्यंग्य कथनों से दोनों ओर की स्थितियाँ शुद्ध आत्मिक व्यवहारों को स्थापित करती हैं, न कि दो भिन्न मज़हबों या धर्मों या धर्म और मज़हब के लोगों के मतवादों में समन्वय करने का प्रयत्न । वे मानव की आत्मवादी धरातल पर एकता या एकात्मता सिद्ध करते हैं । वे बाह्याचारों-व्यवहारों की भिन्नता का ध्वंस करने वाले मसीहा हैं । समझौतों में उनका विश्वास नहीं, एकता में है । वह मनुष्य को भी सहज, महज मनुष्य के रूप में देखना पसन्द करते हैं इसी पर पूरा जोर देते हैं ।

वे सदियों की जातीय गलाजत के बंधनों को काट कर मानवीय सहज स्फूर्णों पर आधारित रिश्तों को निभाने के पक्षधर हैं । आत्मिक-आध्यात्मिक अनुभूतियों के अजस्र आनन्द से विभोर, आंतरिक आनन्द-फुहारों में नहाते-भीगते मनुष्य कबीर के स्वप्न और उद्देश्य हैं :

गगन गरजै तहाँ सदा पावस झरै, होत झनकार नित बाजत तूरा ।
वेद-कत्तेब की गम्म नाहीं तहाँ, कहै कबीर कोई रमै सूरा ।।

उनके द्वारा सुझाये साधना के आकाश से सदा स्नेह-आनन्द की वर्षा होती रहती है । अनहद नाद की झनकार बजती रहती है । वहाँ वेद-कुरान की समाई नहीं । वहाँ कोई सच्चा, सच्चरित्र, साधु ही वीरतापूर्वक और साहसपूर्वक विचरण कर सकता है । कबीर जिस निरंजन की शरण में जाने की बात कहते हैं, वह भी 'निरपख' है । उसका कोई पक्ष नहीं और वह किसी पक्ष का नहीं । कबीर की सारी शक्ति और तर्क और व्यंग्य प्रहारों के परिणाम मनुष्य को धर्म, जाति, विश्वास, सम्प्रदाय आदि की हदों से बाहर निकाल कर निपट मनुष्य की स्थिति में लाना रहा है, ताकि वह मानवीय अस्तित्व और हर्ष, उल्लास और पीड़ा की गरिमा को मान दे सके । कबीर ने अपने समय के साम्प्रदायिक विद्वेष के जहर, खूनखच्चर, रोदन और संहार को देखा था, इसलिए इस खाई को पाटने के लिए कमर कस ली और किसी से भय नहीं माना । निर्भय प्रहार किये चहुँ ओर की हदबंदियों पर । कबीर तो हिन्दू और तुरुक—दोनों से अपना कोई सम्बन्ध तक नहीं स्वीकार करते । वह इन दोनों से कोई रिश्ता नहीं रखना चाहते । और इन्सानी रिश्तों का सूत्र 'निरंजन' या 'अलह' से बनाना चाहते हैं । क्योंकि पूजा या

नमाज, मंदिर या मसजिद के भेदों के कारण विभेद ढँका गया है । निर्लेप शक्ति को लोगों ने अपने ओछे आशयों से लिप्त कर रखा है :

ऐक निरंजन अलह मेरा, हिन्दू तुरुक दुहूँ नहिं मेरा ।
राखूँ व्रत न महरम जांनां, तिस ही सुमिरूं जो रहै निदांनां ।
पूजा करूँ न निमाज गुजारूँ, एक निराकार हिरदै नमसकारूँ ।
न हज जाऊँ न तीरथ-पूजा, एक पिछाण्याँ तौ क्या दूजा ।
कहै कबीर भरम सब भागा, एक निरंजन-सूं मन लागा ।।

व्रत, मुहर्रम, पूजा, नमाज, हज, तीर्थ आदि को त्याग कर निराकार-निरंजन से मन लगाने की हिदायत कबीर देते हैं, जिससे सब भेद और भ्रम नष्ट हो सकते हैं ।

कबीर का ध्यान आर्थिक भेद-भाव की ओर भी गया, किन्तु उसके कारणों को उन्होंने ईश्वरदत्त माना है । धनी-निर्धन के बर्तावों से वे परिचित थे । धनी व्यक्ति, निर्धन की उपेक्षा करता है । उसे छोटा मानता है, इसे तो कबीर समझते थे, किन्तु धन को ही कबीर कोई महत्त्व नहीं देते । कोई भी भक्त या संत उनके युग में धन को महत्त्व नहीं देता । बल्कि दुनियावी धन-दौलत के होने का अभिप्राय उल्टा लिया जाता था । भगवान के नाम का धन जिसके पास है, वही वास्तव में धनी है, अन्यथा निर्धन है :

निर्धन आदर कोई न देई, लाख जतन करै ओह चित न धरेई ।
जो निरधन सरधन कै जाई । आगे बैठा पीठ फिराई ।
जो सरधन निर्धन के जाई । प्रभु की कला न मेटी जाई ।
कहि कबीर निर्धन है सोई । जाकै हिरदै नाम न होई ।

कबीर के युग में सोच के केन्द्र में नाम जप हुआ करता था, चरित्र शुद्धि, आत्म-शुद्धि ही वास्तविक कमाई और धन माने जाते थे । इसलिए अर्थ-धन, पैसा, दौलत और धनी को इस दृष्टि से घटिया, निर्धन, हेय माना जाता रहा है । फिर सुखदुःख प्रारब्ध-कर्मों का फल है । ईश्वर सुख-दुःख नहीं बनाता । जीव अपने अच्छे-बुरे कर्मों के फल को भोगता है । कबीर सहज नैतिक, आत्मिक, सात्विक ईश्वर भक्त को महत्त्व देते थे, उसी के पक्ष को सामने रखते थे ।

मेरा तेरा मनुआ कैसे इक होई रे ।
मैं कहता हौं आँखिन देखी
तू कहता कागद की लेखी
मैं कहता सुरझावनहारी
तू राख्यो अरुझाइ रे ।

कहना न होगा कि कबीर ऋग्वैदिक काल के प्रकृति-धर्म से नाभिनाल बद्ध थे और उसी आदिम और आदि अध्यात्म रूप की वकालत करते हैं । उनके अपने समय तक

आते उस निश्छल, निर्मल मानवीय संवेदना की स्रोतस्विनी में इतने विकार उत्पन्न हो गये थे, इतनी मलिन धाराएँ आ मिली थीं कि कथनी-करनी में ही विकट भेद उत्पन्न हो आये थे । कहने को श्रेष्ठ धर्माचरणों के अनुयायियों ने व्यवहार में अपने ही धर्मावलंबियों को जातिगत भेदभाव, ऊँच-नीच और छुआछूत की आचारगत बुराइयों के तहत अपमानित करने, त्यागने के कुत्सित व्यवहारों से आहत कर रखा था । वेद-पुराण कायदा-कुरान में लिखित के मात्र उल्लेखों से स्वयं को महिमावान मानते हुए व्यवहार में इतनी दूरियाँ उत्पन्न कर दीं कि कबीर को आँखिन देखी को महत्त्व देना पड़ा । अन्यथा गुरु को और 'गुरुपरम्परा' को सर्वाधिक महत्त्व देने वाला संत वेद-ज्ञान विरोधी कैसे माना जा सकता है, जबकि शास्त्र ही, वेद-ज्ञान की गुरु-शिष्य परम्परा की नींव डालने वाले हैं । कबीर सबसे बड़े आस्तिक और सबसे बड़े आध्यात्मिक संत हैं, जिन्होंने शास्त्र ग्रंथों और सामाजिक व्यवहारों में आये अंतर को लक्ष्य करके सर्वाधिक निर्मम, विध्वंसक प्रहार किये हैं । क्योंकि पुराण और कुरान की हामी भरते हुए व्यवहार में मनुष्य को मनुष्योचित सम्मान न देकर बाह्याचारों में उलझाये रखने के तंत्र को काटकर वे मानवीयता के सूत्रों को सुलझाना चाहते रहे हैं । और उलझाव और उलझन पैदा करने वाली ताकतों से अपना स्पष्ट मत एवं मन वैभिन्य स्वीकार करते हैं ।

इसमें भी कबीर पहले अपने मन को वरीयता देते हैं । "मेरा" को पहले रखते हैं और "तेरा" को बाद में । मैं कहता आँखिन के देखी अर्थात् जो आँखों के सामने है । जो वास्तविक है । यथार्थ है । मैं उसकी बात कहता हूँ । और 'तू कहता कागद की लेखी' । काग़ज पर तो बहुत कुछ और सब कुछ भलाभला, मीठा-मीठा, प्यारा-प्यारा लिखा है, किन्तु व्यवहार में ऐ धर्म, मज़हब के उत्तराधिकारियो तुमने कितना अंतर पैदा कर दिया है कि इन्सान के साथ इन्सान का व्यवहार हर दृष्टि से नीचे गिर चुका है । धर्म, अर्थ, मूल्य, जाति सभी दृष्टियों से तुमने मनुष्य को घृणा की दृष्टि से देखना आरम्भ कर दिया है । वैदिक काल की आत्मिक शुद्धता, सहजता, सरलता आज कहाँ ? अतः कबीर तब की बात करते हैं, जब प्रकृति ही मात्र मनुष्य-धर्म होता था । सार्वभौम सत्य ही ईश्वरीय सत्य होता था । धर्म, मजहब के बाद के विभाजन जब नहीं थे, उस युग के मूल्यों, सत्यों की बात कबीर उठाते हैं । वे समन्वय की बात नहीं करते, जैसा कि बाहर से लगता है, या कुछ विद्वानों ने जैसा प्रचारित किया है । कबीर निश्चय सब की एक आत्मिक पहचान करते हैं । इसी आधार पर उनकी सारी विचारधारा का महल खड़ा है ।

(18 दिसम्बर 1995 के 'जनसत्ता' में प्रकाशित । बाबरी मस्जिद के ढाँचे के ध्वंस के मात्र बारह दिन बाद ।)

❑

कबीर आज सर्वाधिक प्रासंगिक हैं

ऋषि लोग युगों के अँधेरे गुह्य पटों के पार देखने की अंतःदृष्टि रखते हैं । वे इसी दृष्टि की बदौलत मंत्र-द्रष्टा हुआ करते हैं । नये युगों की नयी सच्चाइयों को भी अपने युग और समय में देख लिया करते हैं । समाधि जनित प्रज्ञा की आर्ष ज्योति के प्रकाश में वे युगों के आर-पार देख सकने की क्षमताएँ सहज ही प्राप्त कर लिया करते हैं । इसी को 'दर्शन' (Vision) की दशा कहा जाता है । दर्शन काल में वे अतीत और भविष्य को वर्तमान में जान लिया करते हैं । संत कबीर भी इस प्रज्ञा-दृष्टि से समृद्ध थे । किन्तु आज भी साहित्यकार, बुद्धिजीवी लोग उनके दुःसाहसी, चुनौतीपूर्ण विचारों से उतना ही दूर हैं जितनी दूर उनके युग में थे । बल्कि यों कहें कि जिस तर्कशीलता से मध्य युग में कबीर सम्पन्न थे उससे भी उनका कोई नाता-परिचय दिखाई नहीं देता । इतना ही नहीं जहाँ कबीर लोक और उसकी चेतना और जीवन-स्रोतों से सीधे जुड़े हुए थे, वहीं आज के तथाकथित, स्वनामधन्य साहित्यकार बिल्कुल कटे हुए हैं । इन लोगों से अधिक पकड़ तो उन राजनीतिज्ञों की है, जो जनता को अपनी इसी हुनरमंदी और कौशल के बल पर बार-बार धोखा देते और ठगते हैं । ये लेखक लोग छोटी-छोटी नगरी-महानगरी कही जाने वाली तलैयों के सीमित सड़े जल के पानी में ही अपनी चकोर-प्यास को धन्य किये रहते हैं । मरी हुई मिट्टी और चेतना-शून्य बुद्धि-बोझिल जानकारियों के बल पर पोथियाँ बढ़ा रहे हैं । जबकि दूसरी ओर भारतीय सांस्कृतिक विशिष्टताओं की ओर विश्व तेज़ी से बढ़ रहा है । जिन अगुवा साहित्यकारों ने अपनी एकांगी सोच के आधार पर हिन्दी साहित्यकारों को एकांगी संघर्ष की बंजर भूमि पर ला खड़ा किया है, वे स्वयं अपनी नालायकी पर शर्मिन्दा हैं । गहन विश्वासों के अजस्र जीवन-विचार के स्रोत राष्ट्र के भीतर ही हुआ करते हैं, किन्हीं विदेशी भूमियों पर नहीं । भारत की वर्तमान परिस्थितियों को देखते यह निःसंकोच कहा जा सकता है कि कबीर आज अपने विचारों के कारण पहले से अधिक प्रासंगिक हैं, बल्कि अनिवार्य हो गये हैं । साम्प्रदायिकता, जातिवाद, गैर-बराबरी, हिंसा-हत्या से त्रस्त भारतीय समाज की वर्तमान व्याधियों को अपने काल में ही लक्षित करके इसके उपचार सुझाने वाले कबीर की वाणी आज सुनिश्चित अचूक औषधि है ।

आगि जो लागी सरवर में
सरवर जरि भो धूरि हो

सरोवर में आग लग गयी और सरोवर जल कर धूल हो गया—हमारा वर्तमान इससे भिन्न कहाँ है ? प्रत्येक जीवन, जो भरापूरा चैतन्य जल से लबा-लब भरे सरोवर जैसा है—आज जल कर सूख ही नहीं गया बल्कि धूल में बदल गया है । कबीर मात्र अध्यात्म के चिंतक ही नहीं, सामाजिक सरोकारों से उनकी चेतना कहीं भी रीती हुई नहीं है । सटीक उक्तियों, सामाजिक संदर्भों-दृष्टांतों से अपनी वाणी को पुष्ट करके कबीर जो जीवन्त, परिचित अंतरंग खाका खींचते हैं वह हमारी रागात्मकता का अभिन्न परिदृश्य होता है । जो हमारे भीतर गहरे चेतना-स्तरों तक संपृक्त होता है ।

गर्भ हिंडोला झूलै सब जग आय ।
पिय मेरा जागे मैं कैसे सोई री ।

उक्त दोनों पंक्तियों में गृहस्थ के उष्मित सम्बन्धों के माध्यम से अपने कथन को सटीक ढंग से रखने का कौशल है । सभी गर्भ हिंडोला झूल कर संसार में आये हैं, जन्म लिया है । गर्भ के इस संदर्भ को, माँ और संतान के सम्बन्ध की प्रगाढ़ता को कौन नहीं जानता । वास्तविकता तो यह है कि बाप से भी बढ़ कर संतान का सम्बन्ध माँ से इसी कारण अधिक और प्रगाढ़ होता है । क्योंकि दोनों के रक्त के अतिरिक्त श्वास और पीड़ा के साझे अनुभव और पहचान के कई-कई स्तर कायम होते हैं । दूसरी पंक्ति में पति-पत्नी के भारतीय संस्कार और युगों-युगों के संयुक्त लेखों का परिणाम होता है, जब ये सम्बन्ध बनते हैं—ऐसे विश्वास और 'दो देह एक प्राण' की अवधारणा से कौन अपरिचित होगा । ऐसे में पिय के जागते रहते पत्नी कैसे सो सकती है । अध्यात्म अर्थ में ईश्वर-पिय के जागते जो कि चैतन्य होने से सदैव जाग्रत ही रहता है, आत्मा रूपी पत्नी कैसे सो सकती है । निद्रावस्था उसे हर हाल में त्यागनी है । प्रथम पंक्ति में गर्भ के अंधकार से प्रकाश में आने की बात कही है तो दूसरी में निद्रावस्था के अंधकार से ग्रस्त होने की बात है । इन दोनों स्थितियों को तज कर प्रकाश और चैतन्य अर्जित करने की आवश्यकता उन्होंने रेखांकित की है । यों अंधकार के और भी अनेक रूप विद्यमान हैं हमारे समाज में । अहंकार (पद या धन का) लोभ, काम, क्रोध—इन सब प्रकार के आत्मिक अँधेरों के विरुद्ध कबीर जागरूक बनाते हैं । हमें इनके प्रभाव से मुक्त होने को सदा सचेत करते हैं ।

आज धार्मिक मजहबी कट्टरतावादी ताकतें आपस में टकरा रही हैं । खूनी झड़पें, फसाद हो रहे हैं । और परस्पर शत्रुता निभाने, बदला लेने के स्थायी मोर्चे ठन गये हैं । कबीर के युग में भी कुछ-कुछ ऐसी ही स्थितियाँ थीं । पर कबीर ने एक उदार, स्वतंत्र, मुक्त व्यक्ति के रूप में नयी दिशा सुझायी । स्वतंत्रता अर्जित की । एक कठिन कार्य कर दिखाया । इस्लामी सत्ता के काल में यह कार्य किया—यह और भी अनूठी बात है । क्योंकि इस्लाम में विरोधी, स्वतंत्र चिंतन का स्थान न के बराबर है ।

मध्य युग में रूढ़िवादी, समन्वयवादी और स्वतंत्र चिंतन करने वाले—तीन प्रकार के विचार मिलते हैं हिन्दू धर्म-दर्शन के क्षेत्र में । रूढ़िवादी विचारक शास्त्रों के प्रमाण को

दृढ़ता से स्वीकार करके चले—जैसे स्वामी शंकराचार्य । समन्वयवादी आचार्यों में स्वामी रामानुजाचार्य आते हैं जो शास्त्रीय प्रमाणों को उदार बनाकर शूद्रों आदि को भी सामाजिक मान्यता देने के पक्षधर थे । तुलसीदास इसी समन्वयवादी चिंतनधारा के भक्त कवि हुए । किन्तु कबीर इनसे सर्वथा भिन्न स्वतंत्र चिंतन की जमीन पर आ खड़े हुए जहाँ उन्होंने सभी शास्त्रीय प्रमाणों, व्यवहारों और आचारों को नकार दिया । एक बारगी अस्वीकार कर दिया । अतः उन्हें हिन्दू शास्त्रीय चिंतन पद्धति के समर्थकों से भी विरोध लेना पड़ा और रूढ़िबद्ध इस्लाम से भी ।

कबीर ने अपने लिए चिंतन का स्रोत आदिग्रंथ वेदों को स्वीकार किया, वेदों के द्रष्टा ऋषि व्रात्य लोग स्वतंत्र चिंतक ही हुए हैं । तभी वे मानव मात्र, जीव मात्र और प्रकृति की सार्वभौम सत्ता की बात कर सके । सभी की चिंताओं को अपना सके । अपने समकालीन धर्म-सम्प्रदायों के अनुयायी बौद्धों-जैनों के आचारगत पतन और भटकावों को देखते हुए कबीर ने सर्वथा पृथक् एक मर्यादित, संयमित, सात्विक चिंतन पद्धति का विकास किया और समूचे समाज को नैतिक बल की आधार-स्थली पर ला खड़ा किया । सामाजिक बिखराव को रोका । विशृंखलित होकर बिखरने से बचाया । अतः धर्म के साथ समाज के आचरण को जोड़कर कबीर ने बहुत बड़ी भूमिका निभायी । इस भूमिका पर उन्होंने दोनों ओर की साम्प्रदायिक कट्टरता पर आक्रमण किये तो दोनों धर्मों की शास्त्रीय धर्म-पद्धतियों की जकड़बंदियों और लौह किलेबंदियों को अकाट्य तर्कों से काटा । ऐसी तर्कशैली विकसित की जिसकी काट नहीं हुई । इस तर्कशीलता और सजग प्रश्नशीलता के सामने कट्टरता के मजबूत दुर्ग ढहते-डगमगाते मिले । हर रूढ़ आचरण, वैचारिक अंधता और तर्कहीन पद्धति के आगे ऐसे प्रश्न-चिन्ह खड़े किये कबीर ने, जिनसे बचकर निकल पाने का कोई रास्ता नहीं रहा । तब उन पर वैचारिक और घातक आक्रमण भी हुए । ज्यों-ज्यों बौखलाहट बढ़ती, क्रोध में खौलते हुए इस्लामी राजसत्ता के तेवरों को कबीर देखते, त्यों-त्यों और भी तीव्र प्रहार करते । जोखिमपूर्ण ऐसी टकराहटों में विचारों के मजबूत आधारों की परख होती है । परीक्षा होती है । कबीर ने यह परीक्षा दी और खरा उतरे । राजसत्ता की रक्तिम आँखों में जिसने मंसूर को सूली पर चढ़ा कर अपनी दरिंदगी का परिचय दिया हो, अपने लिए दया की एक भी झलक की कल्पना भी नहीं की जा सकती, ऐसी राजशाही को बराबर ललकारते रहना यह कबीर के बूते का ही था । तभी अपने समय के समाज के मनों में बैठे हुए खौफ को—भय को निकालने में कबीर सफल हुए । आप स्वयं विचार करो कि कबीर ने मानव समाज की कितनी बड़ी सेवा की है । छोटी, नीची, उपेक्षित, दलित जातियों को उन्नत सिर, स्वाभिमानी अनुभूतियों के कैसे अमृत के घूँट पिलाये हैं हमारे इस संत ने कि आज भी याद करके रोमांच हो आता है । खुशी से आँखे छलछला आती हैं । ऐसे सूरमा के देश-समाज में रहने वाले आज के बौद्धिकों में साहसिकता, स्वाभिमान की बात तो दूर, स्वार्थपरता, कायरता और टुक्कड़खोरी की ऐसी लत लगी है कि बिना भय के मरे जा रहे हैं । जबकि

कबीर के बाद आज तक उनकी जगायी हुई ज्योति प्रकाशित है । हाँ, उसकी लौ बहुत मद्धिम हो चुकी है । प्रकाश क्षीण हो चुका है । समाज में उसकी मौजूदगी बहुत विरल हो गई है । क्या उसे हम सब मिलकर फिर से तेज नहीं कर सकते ?

आज का साहित्यकार अपने को कबीर की परम्परा से जोड़ने में गर्व का अनुभव करता है । क्योंकि कबीर समाज में व्याप्त मिथ्याडम्बर के तंत्रजाल को काटने के साहस से उसे जोड़ते हैं । कबीर अपने युग के तनावों ` · झेलते हुए अपने सहज जीवन बोध और गतियों को बरकरार रखते हैं । स्वयं शिकार नहीं बन जाते । बल्कि तनाव देने वाली विसंगतियों को लक्ष्य करके प्रहार करते हैं । विसंगतियाँ रचने वाली सामाजिक, धार्मिक शक्तियों पर निर्मम चोट करते हैं । भले ही हिन्दू हों या मुसलमान, शैव हों या वैष्णव या नाथ-योगी हों या बौद्ध-सिद्ध, पंडित हों या मुल्ला, राजशाही हों या अंधविश्वासी, सामाजिक सत्ता—कबीर निर्द्वन्द्व, निर्मम, निष्पक्ष अचूक वार करने से नहीं चूकते । दूसरी ओर राजसत्ता के हाथों उत्पीड़न सहा, सामाजिक उपहास बर्दाश्त किये; धार्मिक आक्रमणों का साहस, विवेक से सामना किया ।

आज साहित्यकारों के सामने उतने भय नहीं हैं, तो भी वे प्रलोभनों में, सत्ता के पुरस्कारों के जाल में स्वयं जाकर अपना सिर दे रहे हैं । ये ही मूल कारण हैं कि समकालीन साहित्य में कबीर की वह उत्कट, धारदार, दो-टूक सत्यवादिता नहीं है । सब घर बनाने में ही नहीं, घर भरने में जुटे हैं और इसी को अपना संघर्ष मान रहे हैं । यानी सम्पत्ति, पद, सुविधा अर्जित करने में जो कठिनाइयाँ आ रही हैं, उन्हें ही संघर्ष मान बैठे हैं । जबकि संघर्ष के साहित्यिक अर्थ मूल्यधर्मी संघर्ष से हैं । मूल्यों को लेकर कोई कितना और क्या संघर्ष कर रहा है—मूल्य चुका रहा है ? यह पक्ष आज साहित्यकारों के जीवन से जितना गायब है, उतना ही वे इसकी चर्चा करते हैं । व्यवहार, सरोकार में यह व्यक्त उतना नहीं हो रहा । विचार यदि हैं भी तो कर्म में नहीं ढल रहे । तो भी कबीर आज उनके सामने और निकट हैं अपने समूचे व्यवहार, सरोकार में, जीवन में और कर्म में इतना होश और याद भी कुछ कम नहीं ।

विश्व के आधुनिक दार्शनिक लेखकों—कामू, काफ़का, सार्त्र, एलियट आदि ने अस्तित्ववाद के जो नये दर्शन दिये हैं, उन दार्शनिक सिद्धान्तों को कबीर पहले ही अपनी वाणी में व्यक्त कर चुके हैं और उन चुनौतियों को जीवन में साहसपूर्वक झेल चुके हैं जो इन दार्शनिकों ने अस्तित्ववाद के संदर्भ में गिनाई हैं । 'कागद की लेखी' से 'आँखों की देखी' के और क्या अर्थ हैं : कि अपने जीवन अनुभव से ही हमें अपने जीवन-परिवेश को समझना और समझ कर लेना है । आज का हमारा संसार पूरी तरह भिन्न है । इसकी समस्याएँ भिन्न हैं । फिर जो जोखिम उत्पन्न हों, चुनौतियाँ मिलें तो उन्हें हँस कर सहना-स्वीकार करना चाहिए, क्योंकि वे हमारी अपनी सोच का हिस्सा हैं—फल हैं । क्योंकि अस्तित्व को—जीवन को और उसकी धड़कनों को महसूस करने के लिए ये जीवनगत प्रयोग अति अनिवार्य हैं । स्पंदनों खिला जीवन ही, वास्तविक जीवन है ।

दे दिया गया जीवन हमें स्वीकार नहीं । अर्जित जीवन स्वीकार करना चाहिए । जीवन के स्पंदन, संवेदन ही हमें सच्ची अनुभूतियों तक ले जाते हैं । तो जीवन स्थितियों को जन्म के बाद, हमें स्वयं चयन करना है । हम जन्म पाने को स्वतंत्र नहीं थे । जन्म लेने में हम पराधीन थे । किन्तु जन्म के बाद हम पराधीन नहीं । स्थितियों, दशाओं का चयन हम स्वयं करें । उन्हें बदल दें, यदि वे अनुकूल न हों तो, उन्हें अस्वीकार कर दें । इस अस्वीकार में कष्ट होगा, परेशानियाँ आयेंगी, जोखिम उठाने पड़ सकते हैं । उन्हें सहर्ष स्वीकार करना है । अपने बनाये मूल्यों, सिद्धान्तों, शर्तों के अनुसार जीवन जीने के लिए जो भी कीमत चुकानी पड़े, हमें चुकानी चाहिए । और हम देखते हैं कि कबीर ने भी कीमत चुकायी ।

जहाँ तक अपने विचारों-मूल्यों की कीमत चुकाने की बात है, उदाहरण ही पर्याप्त होगा । कबीर हिन्दू-मुस्लिम शास्त्र-पद्धतियों-व्यवहारों (पूजा-नमाज़) आदि के विरोधी थे और साथ ही तीर्थ व्रत आदि का भी खण्डन करते थे । हिन्दू-विश्वासों के अनुसार काशी पवित्र नगरी मानी जाती है । लोग वहाँ जाकर प्राण-त्यागना 'मुक्ति' के लिए शुभ मानते हैं । इस कारण 'करवत-काशी' की प्रथा भी वहाँ चलती रही । यानी काशी में एक ऊँचे पर्वत-शिखर से करवट ले कर नीचे लुढ़कना और इस प्रकार स्वेच्छा से, जानबूझकर मुक्ति-कामना हेतु काशी में प्राण त्यागना । कबीर किसी तीर्थ को या नगरी को पवित्र न मानकर, सब धरती को एक समान मानते थे । किन्तु काशी में धर्म-अध्यात्म की चर्चाओं के कारण एक आध्यात्मिक वातावरण बराबर बना रहता था । विरोधी लोगों ने, कहते हैं, कबीर पर व्यंग्य-प्रहार किये कि काशी यदि पवित्र नगरी नहीं है तो आप मगहर में क्यों नहीं जा बसते । मगहर धार्मिक-आध्यात्मिक दृष्टि से ऊसर-अन-उपजाऊ माना जाता रहा है । कबीर ने इस चुनौती को स्वीकार किया और मगहर में जाकर रहने लगे । यहाँ वह अध्यात्म चर्चा का सदा हरा-भरा वातावरण नहीं मिला । परन्तु वह मगहर को छोड़कर पुनः काशी नहीं आये । मगहर में ही श्वास तजे, किन्तु अपनी इस पीड़ा को उन्होंने निम्नलिखित पद में वाणी दी है :

सकल जनम शिवपुरी गवाइआ ।
मरती बार मगहरि उठि धाइया
बहुत बरस तप कीआ कासी
मरन भाइया मगहर को वासी
किया कासी किआ ऊखर । मगहर राम रिदैजो होय
जो तन कासी तजै कबीर रमइयै कौन निहोर ।।

अपने विचारों के लिए इस हद तक मूल्य चुकाने की गरिमा और आत्म-सम्मान की उत्कट भावना की स्थापना कबीर ने की है । कबीर विचारों पर अडिग रहे । ज़रा नहीं डोले । विचलित नहीं हुए । हालाँकि उन्हें हर पग पर कष्ट सहने पड़े । विरोध झेलना पड़ा । एक धड़कते हुए कष्ट, विरोध, संकट से पूर्ण लगातार जीवंत अस्तित्व की खातिर

कबीर उस सूक्ष्म अनुभूति तक पहुँचे, जहाँ बाहरी संसार की सारी संपत्तियाँ प्राप्त करके भी व्यक्ति नहीं पहुँच पाते । निर्भीक, स्वाभिमानी योद्धा गर्वोन्नत मस्तक से आज सदियों बाद भी अपूर्व-अद्वितीय बना हुआ है, तो उन असंख्य जोखिमों की आँच में तपने के बाद, उनसे निकल कर ही वास्तव में जीने के उल्लासमय क्षणों की प्राप्ति संघर्षों के कष्टमय रास्तों से गुजर कर होती है । तमाम आधुनिक अस्तित्ववादियों की सम्मिलित उपलब्धियाँ भी अकेले कबीर की उपलब्धियों के आगे इसलिए तुच्छ हो जाती हैं, क्योंकि वह स्थिरता, सुरक्षा, सुख, मोह, प्रलोभन, स्वार्थ के एक मात्र ठिकाने—'घर' को हथेली पर रखे तिनके से अधिक कुछ नहीं मानते थे—और हर क्षण, चारों ओर से असुरक्षा, अस्थिरता, जोखिमों से घिरे रहने में आंतरिक आनन्द के सर्वोच्च शिखर पर बने रहते थे । तभी वह कह सके :

कबिरा खड़ा बाज़ार में
लिए लकांठा हाथ
जो घर फूंके आपना
चले हमारे साथ ।

आधुनिक विश्व के अस्तित्ववादियों को अभी भी कुछ और सीखना हो, तो वे कबीर के पास आयें और सीखें । जो घर के फूँकने की, दुनियावी संपदा को अपने हाथों नष्ट करने और निहंग तथा निःसंग हो जाने की चरम अनुभूति की तीखी नोक पर स्थित हो, वह जीवन की कैसी उदग्र जीवंतता को माथे पर कलंगी की तरह सजाये हो सकता है ! अपने को आधुनिक और बौद्धिक और साहित्यिक मानने वालों के लिए कबीर के पास अभी इतना बड़ा खज़ाना है कि जिसे वे आने वाली कई-कई सदियों में भी खोदते-सहेजते रहें तो भी वह रीतेगा नहीं ।

❑

मानवीय नैतिकता के संस्थापक कबीर

आज विश्व मानवता सम्पूर्ण विनाश के संकट से घिरी हुई है । मानव समाज के हर क्षेत्र में इस पूर्ण विनाश की भयाकुल शंकाएँ जतायी जा रही हैं । वैज्ञानिक, समाजवैज्ञानिक, राजनेता, शिक्षाविद, साहित्यकार, धर्माचार्य—सभी एक ही वाणी बोल रहे हैं, कि तृतीय सर्व-विनाशक युद्ध अवश्यंभावी है और सन्निकट है । हमारे पुराण-इतिहास में त्रेता में राम-रावण युद्ध और द्वापर में कुरुक्षेत्र का महासंग्राम इतने भीषण नहीं हुए कि मनुष्य के सर्वनाश की वाणी उभरी हो । उन्नीसवीं शताब्दी के पूर्वार्द्ध में दो विश्वयुद्ध आधुनिक मानव देख चुका है । तो भी सर्वविनाश की आवाजें नहीं उठी थीं । किन्तु आज स्थूल के साथ सूक्ष्म तत्त्वों के व्यापक ध्वंस की महामारी ओषजन, उद्जन, नापाम, और अणु शक्तियों की अचूक मारक-संहारक शक्तियों से सज्जित युद्धास्त्रों की कल्पना करते ही रूहें थर्रा उठतीं हैं । लगता है भावी विनाश की इन स्थितियों के पीछे कहीं गहरे में कोई बड़ा खोट व्याप गया है । कहीं मूल में ही महाभूल हो गयी है ।

समूची विश्व मानवता, प्रकृति और प्रकृत नियमों-सत्यों से अलग और दूर हो गयी है । आज सबसे बड़ा खोट यही है । व्यवहार-सोच-नीति नियम के केन्द्र में सत्य—(प्रकृत-नियम) न होकर, असत्य (प्रकृत-नियम विरोध) आ गया है । केन्द्रीय धुरी बदल गयी है ।

असत्य आज अकेला नहीं, अपनी सम्पूर्ण सेना के साथ केन्द्र स्थल पर स्थित है । उसके साथ अन्याय, अनाचार, अमानवीयता, परिग्रह (अधिक से अधिक धन, बल, शक्ति संग्रह), हिंसा, हत्या आदि भी क्रियाशील हैं । 'रव' का अर्थ शोर है तो इसी रव से रावण बना है जो आपाद, आजीवन शोर-हाहाकार की लपटों में झुलस रहा है । स्वर्ण की लंका, अनेक रानियों, अथाह शक्ति की सारी सीमाएँ लाँघ चुका है । उसके बाद उसका पतन अवश्यंभावी है । यही दशा विश्व के सर्वसम्पन्न देशों की है । रावण समूचा अनैतिक आचरण पर उतर आया है । विश्व की महाशक्तियाँ भी इसी अधःपतन की ओर बढ़ रही हैं, क्योंकि भौतिक समृद्धि की सारी सीमाएँ वे लाँघ चुकी हैं । आगे रास्ता क्या है ? उन्हें मालूम नहीं । अब सड़न, सड़ाँध (Decay) ही शेष रहता है ।

'रम' का अर्थ है रमा हुआ—सर्वत्र व्याप्त । रम से बना राम शब्द प्रकृति रूप-सत्य रूप हर कहीं व्याप्त है । सत्य-प्रकृत नियमों के तुल्य स्नेह, संवेदना, सहानुभूति, तप, विनय, शील, त्याग, अपरिग्रह, परपीड़ा हरण, लोकसंग्रह-भावना जब व्यवहार आचरण के

केन्द्र में हों तब अकेला होने पर भी समूची प्रकृति साथ होती है—साथ देती है ।

'रस' का अर्थ है आनंद । रस से बना 'रास' । आनंद की जिस अवस्था में देश, काल की सीमाओं को हम लाँघ जाते हैं, इनसे ऊपर उठ जाते हैं, वही रास है और लीला है जहाँ मानव आत्माएँ आनंद विभोर होकर रास में—लीला में नृत्य-रत हैं, लीन हैं । नाचता-गाता हुआ मनुष्य और प्रकृति सब एक साथ नृतरत हैं ।

एक अन्य शब्द भी है महत्त्व का । 'भव' से भाव शब्द बना है । अध्यात्म, विशेष रूप से, भाव का क्षेत्र है । भाव अपने मूल में पुनः (प्रकृत नियम) से जुड़ा होता है इसलिए नैतिक होता है । नैतिक बल-संचालित होता है । इस क्षेत्र में जो विचरण करता है, रहता है, उसे रव, रवता या रावणत्व परेशान नहीं करता । वह वास्तव में सम्पन्न, सभी सम्पत्तियों से युक्त होता है । जहाँ यह भाव नहीं होता वहीं अभाव होता है । सभी प्रकार की कमियाँ व्याप्त रहती हैं । सभी प्रकार की विपत्तियाँ व्याप्त रहती हैं । सभी प्रकार की विपत्तियाँ भी उसे घेरती हैं । वह रसमग्न नहीं हो सकता । 'रास' में भाग नहीं ले सकता । आनंद के क्षेत्र में प्रवेश नहीं कर सकता । सभी भौतिक संपत्तियाँ रहते भी असंतुष्ट, निराश, हताश, बेचैन, रहकर धुरीहीन, आधारहीन, निर्बल होता है; क्योंकि वह अनैतिक केन्द्र से जुड़ा है । अप्राकृत केन्द्र से उसके सब आचार व्यवहार परिचालित हैं । इसलिए अनीतिकर होता है । अनैतिक होता है ।

अब आप आसानी से देख सकते हैं कि कोई व्यक्ति, समाज या देश सत्य के साथ राम के साथ भाव के साथ है—रास में नृत्यरत है या रावण के साथ है । अभाव के साथ है । और जिसे दुनिया या जीवन तक रास नहीं आ रहे । यही कसौटी है नैतिकता और अनैतिकता जाँचने की । वैदिक काल से आज तक यही कसौटी रही है—त्रेता, द्वापर युगों में भी, कलयुग में भी यही कसौटी है । राम-रावण युद्ध, कुरुक्षेत्र का युद्ध और बीसवीं शताब्दी के दो महायुद्धों के मूल कारणों में नैतिक संकट ही थे । आज भी वे ही हैं ।

एक और कोण से देखें सत्, रज और तम इन तीन मूल प्रवृत्तियों की गतियाँ भी नैतिक कसौटी बनती हैं । सत्वगुणी जहाँ जन्म लेता है—वहीं से ऊर्ध्वोन्मुखी यात्रा आरम्भ करता है । और उसकी प्रकाश, चिन्मयता, आकाश, सूक्ष्मता, अध्यात्म, उच्चता की यात्रा की कोई सीमा नहीं । यही राम की, रामत्व की यात्रा है । नैतिकता की यात्रा है । ऊर्ध्वोन्मुखी ।

तमोगुणी जहाँ जन्म लेता है—वहीं से अधोन्मुखी यात्रा आरम्भ करता है । और इस यात्रा की अंधकार, मृन्मयता, पाताल, स्थूलता, भौतिकता, नीचता की यात्रा की कोई सीमा नहीं । यही रावणत्व की, रावण की यात्रा है । अनैतिकता की यात्रा है । अधो-मुखी यात्रा है ।

रजोगुणी जहाँ जन्म लेता है—वहीं से ऊर्ध्वोन्मुखी यात्रा करता है, परन्तु इसकी एक सीमा है—राज्य, सुख वैभव प्राप्त करना । सत्य के सहारे ऊपर उठना और सुख वैभव प्राप्त करके रुक जाना । ठहर जाना । सुग्रीव, विभीषण की यात्रा रजोगुणी यात्रा

है । राम के सहारे राज्य प्राप्त करते हैं, वे । और रुक जाते हैं ।

अब आप स्वयं जाँच सकते हैं अपनी यात्रा को, अपने मार्ग को । वह यात्रा सत्वगुणी है, तमोगुणी है या रजोगुणी ? रामत्व की, सत्य की, नैतिकता की है या रावणत्व की, असत्य की या अनैतिकता की ? या इन दोनों के बीच की । राम, सत्य, नैतिकता की सहायता से सुख-भोग प्राप्ति की है ? किन्तु ध्यान रहे रजोगुणी भी राम की कृपा के बिना अपमान, उपेक्षा और लातें और लानतें सहता है ।

भारत में लोक और परलोक—ये दो शब्द बहुप्रचलित हैं । इस जग में इह लोक में, मनुष्य के आचरण को—कर्म को, विचारों को, प्रमाणित किया जाता है—लोक संग्रह, लोकहित और लोक चिन्ह के पैमाने से । लोकहितकारी राजा या लोक अहितकारी राजा—ये दो कसौटियाँ भी सत्य, राम, भाव और रस के तत्त्वों की हैं—या फिर असत्य, रावणत्व, अभाव और नीरसता से ही जुड़ी हुई हैं । राम लोक प्रकृति, प्रकृत नियम से जुड़कर रावण का विनाश करता है । सच्चा राम भक्त, सत्यनिष्ठ किन्तु अकेला भी होगा तो समूची प्रकृति पेड़, पौधे, पशु-पक्षी, नभचर, थलचर, जलचर, वनचर उसके साथ होकर उसके पक्ष में संघर्ष करेंगे । राम का रावण से युद्ध इसी तथ्य को प्रमाणित करता है । अपार सैन्यबल, धनबल के रहते नैतिक बल (लोक बल) विहीन रावण को धराशायी-ध्वस्त करने के लिए लोक संग्रही राम की शक्ति-वनवाहिनी, समूची लोक सत्ता को लेकर बढ़े, विजयी हुए । राम चाहते तो अयोध्या की सेना और जनकपुर की सेना—दो सेनाएँ मँगवा सकते थे । किन्तु वे लोकशक्ति को साथ लेकर मात्र नैतिक बल के आधार पर लड़े । यही राम जब राजा बने—राज्य की शक्ति-सत्ता-मर्यादा की सीमाओं में बँध गये तब इन्हीं को पराजित किया लोकसंग्रही इन्हीं के पुत्रों, लव और कुश ने । परलोक की ख्याति का आधार भी हमारा यह लोक ही है ।

लोक को झुठलाकर, लोकहित को पीठ दिखाकर, सत्य, राम, भाव, रस से कट जाना, अनैतिक हो जाना है । लोक को सत्य मान कर, लोकहित से जुड़कर सत्य, राम, भाव और रास से जुड़ना ही नैतिक होना है । हमारे वर्तमान विश्व और मानवता के सामने आज बड़ा, गहरा और अपूर्व संकट घिर आया है तो इस कारण कि सोच, व्यवहार, विचार, कर्म के केन्द्र बदल गये हैं । बचाव का एक ही रास्ता है – लोकहित, सत्य, राम, भाव और रास का । दूसरा कोई विकल्प नहीं ।

❑

चैतन्य संसार के साक्षी हैं संत

यह दुनिया जिसे ईश्वर ने रचा है, यह मात्रा बाहरी नहीं है । यों बाहरी तो है पर मात्र बाहरी नहीं है । यह जो दीखता है इन आँखों से दृश्य जगत्, इस दृश्य जगत् से रिश्ता हमारी देह का है । बाहरी आँखों से जो दीखता है इसे ही हम सब कुछ मान लेते हैं । किन्तु यही सब कुछ नहीं है । शारीरिक सम्बन्ध-सम्पर्क ही जागतिक दुनिया का आधार नहीं है । जब हम बीमार होते हैं तो कहा जाता है हम अस्वस्थ हैं । यानी अस्कस्थ । अर्थात् अपने में स्थित को तो स्वस्थ कहते हैं और जो अपने में स्थित न हो, वह अस्वस्थ हुआ । अपने भीतर जो स्थित नहीं है । अपने 'स्व' के बाहर है । अपनी प्रकृति के साथ 'स्वस्थ' होना है । मलूकदास की वाणी के अनुसार आज देखें तो पूरा संसार अस्वस्थ है । रोगी है बीमार है, क्योंकि अपने भीतर नहीं । अपनी प्रकृति में नहीं । मनुष्य के जगत् में स्थित होने के तीन आधार हैं । शारीरिक, मानसिक और आत्मिक । स्वस्थ होने के अर्थ हुए देह, मन, प्राण तीनों की दृष्टि से स्वस्थ होना । तीन आयाम या स्तर हैं मनुष्य के पास । दूसरे अर्थों में तीन जीवन मनुष्य एक साथ जीता है । उसे जीने को मिलते हैं । दैहिक, मानसिक, आत्मिक । भले ही वह मात्र दैहिक स्तर पर एक ही जीवन जी कर चला जाये । दो जीवन व्यर्थ ही अजीये छोड़कर । देखो कितन्नी बड़ी हानि हम करते हैं—कर रहे हैं और जरा भी दुःख नहीं, परेशानी नहीं कि हमने अपनी इतनी बड़ी हानि कर ली है । व्यर्थ ही । बिना किसी कारण । बिना किसी वजह । दूसरा जीवन मानसिक है । मन के स्तर पर, पाँचों इन्द्रियों से सम्पन्न मानसिक जगत् से अनभिज्ञ हम अपने मानसिक अस्तित्व को भूखा, प्यासा, उपेक्षित रखकर चले जाते हैं, जबकि यह दैहिक अस्तित्व से अधिक सूक्ष्म व शक्तिसम्पन्न होता है । असीम शक्तियों और सम्भावनाओं वाले मानसिक आयाम और अस्तित्व को हम बिना जाने, बिना जीये छोड़ जाते हैं । या मानसिक स्तर पर रोगी, बीमार, अस्वस्थ रहते हैं । हम सिर्फ देह को ही जानते हैं प्रायः । अपने मानसिक स्वास्थ्य का, तृप्ति का, पूर्णता का कभी ध्यान नहीं रखते । तो आज हमारा जगत् मानसिक रूप में भी अस्वस्थ है । अतः हम मानसिक बुभुक्षा के रोगी हैं । हमने मात्र बाहरी और छोटे अंश को देखा । उसी पर ठहर गये । मुग्ध हो गये । अपने बहुत छोटे-से अंश पर ही ठहर गये । उसे ही खिलाने-पिलाने नहलाने-धोने, सजाने-सँवारने में लगे रहते हैं । उसी को कपड़े पहनाकर ढँकने में ही इज्जत मान बैठे हैं । हम दूसरों के सामने मानसिक रूप में नंगे हो रहे हैं । दूसरे हमारा

मानसिक उघड़ापन देख रहे हैं—हमें चिंता नहीं होती । क्योंकि हम अपने बड़े, सूक्ष्म, शक्तिशाली अस्तित्व से नावाकिफ हैं । हमारा शरीर और शरीरी व्यक्तित्व मानो सिर्फ इतना-सा है, जितना पानी में बर्फ को डालने से पानी के बाहर दीखने वाला बर्फ का हिस्सा । शेष जो पानी में डूबा रहता है, हमें दिखाई नहीं पड़ता । उतना हमारा शेष मानसिक हिस्सा है । तब आपने कितने अल्प को जाना और उसी को पूरा मान बैठे और ठहर गये ? एक बटा सात हिस्सा हमने जाना नहीं । मात्र जो बाहर रह गया एक बटा आठ उसी को सम्पूर्ण मान बैठे । कितना भ्रमित, एकांगी, अधूरा और अपूर्ण है हमारा जीना । और उस पर इतना घमण्ड । और वह भी तब जबकि अभी आप अस्वस्थ हैं । पूरी तरह से अपने भीतर देह-मन-प्राण में ठीक-ठीक स्थित हैं ही नहीं । और आप जानते हैं कि अस्वस्थ आदमी जब चलता है तो ठीक से चल नहीं पाता । डगमगाता हुआ चलता है । उसके पसीने छूटेंगे । चक्कर आयेंगे । इसी तरह का चलना है अस्वस्थ दुनिया के अस्वस्थ लोगों का । सहारे ले-लेकर चलेगा । आत्म-विश्वास पूर्वक चल ही नहीं सकता सीधे-सीधे । फिर हमने यदि स्वयं को ही पूरा नहीं जाना तो असीम, अथाह, अनन्त, अगोचर ईश्वर को कैसे जानेंगे ? उसे दिखाया है संतों ने । कबीरदास, रैदास, दादू, मलूकदास, नानक आदि ने । बल्कि दिखाया भी क्या, रचा है । पुनर्रचना की है इन्होंने । बार-बार उजड़ी दुनिया को, चैतन्य दुनिया को बसाया, सींचा, महकाया है । संत न होते तो दुनिया उजाड़ होती । संत न होते तो दुनिया रहने लायक न होती । बिल्कुल बेकार होती । इस दृश्य जगत् के भीतर के चैतन्य जगत् को उन्होंने जगाया है । विकसित किया है । वास्तव में देखा जाये तो संतों का कोई मजहब नहीं होता । धर्म होता है । सिर्फ एक धर्म, जो मजहबों से ऊपर होता है । चाहे वे वैष्णव संत हों । चाहे सूफी संत । चाहे ईसाई संत हों । संतों ने कभी परस्पर भेद या भिन्नता नहीं दिखायी । भिन्नता है ही नहीं । हो ही नहीं सकती । उनके विचारों का मूल एक सर्वात्म चैतन्य होता है । आधार भी वही । उस पर खड़ा भवन भी वही एक चैतन्य । सभी संतों ने उसी को लक्ष्य किया है । दुनिया के लोगों को दिखाया है । संत-मलूकदास ने भी इस दुनिया में विद्यमान, विराट, विशाल, अणु-अणु में व्याप्त उस चैतन्य को उजागर किया है अपनी वाणी में । ईश्वर तो तीनों लोकों में है । धरा में है । सातों समुंदरों और नवों खण्डों में है । असीम आकाश में है । हम कैसे जायेंगे वहाँ ? हम कैसे पहुँचेंगे वहाँ, जबकि हम अपने पैरों के नीचे की धरती को भी पहचान नहीं पाते । अपने शरीर पर लगी सजीव हो आयी मिट्टी को भी नहीं पहचान पाते । हाँ, पहुँच सकते हैं, यदि हमारे सामने लक्ष्य हो हमने वहाँ जाना है । इतनी गहराई में जाना है । इतनी ऊँचाई और इतने व्यापक ब्रह्माण्ड में व्याप्त चैतन्य के पास जाना है । उसे जानना । उसे पहचानने की आँखें जब तक हमारे पास न हों, तो जानेंगे भी कैसे ? एक सबसे बड़ी समस्या यही है । मलूकदास के उपदेश भी, अन्य संतों की तरह, कबीरदास, रैदास की तरह, हमें वह दृष्टि देते हैं कि हम ईश्वर को कैसे पहचानें ? कैसे देखें ? कैसे लक्ष्य करें ? उनकी वाणी को हम अपने

सामने रख सकते हैं :

मलूका सोइ पीर है, जो जानै पर-पीर ।
जो पर-पीर न जानई, सो काफिर बेपीर ।।

मलूकदास कहते हैं वही व्यक्ति पीर है, भगवान का सच्चा भक्त है, अनुयायी है, भगवान के निकट है जो दूसरे की पीड़ा को जानता है । दूसरे की पीड़ा जिसे परेशान करती है । अपनी पीड़ा-सी लगती है । और जो दूसरों की पीड़ा नहीं जानता, दूसरे की पीड़ा जिसे व्याकुल नहीं करती, जो अपने से भिन्न की पीड़ा में नहीं जाता, उसे नहीं पहचानता, वह काफिर है, बे-पीर है । वह अधर्मी है । उसका कोई गुरु नहीं है । वह नगुरा है । पर-पीड़ से जुड़ना तभी संभव होता है जब उस 'पर' को आप पहचानें । अपनी तरह जानें । चैतन्य मानें । तभी आप उसकी पीड़ा से जुड़ पायेंगे । बच्चा माँ की कोख से जन्म लेकर पेट से अलग हो जाता है तो भी जब माँ खा लेती है कुछ सख्त चीज तो बच्चे के पेट में दर्द होने लगता है । अजीब बात है । खाना खाती है माँ और दर्द होता है बच्चे के पेट में । माँ के शरीर से अलग होकर भी बच्चे के पेट में दर्द होता है । माँ की सेहत से अलग उसकी सेहत है, फिर क्यों दर्द होता है उसे । माँ की सेहत का हिस्सा नहीं रहा वो । तो फिर किस कारण दर्द होता है उस शिशु को । खाती माँ है, दर्द होता है शिशु के पेट में । तो जब चैतन्य-समूचे ब्रह्माण्ड में विद्यमान परमात्म के विराट अस्तित्व में कुछ व्यवधान होता है, तो आप कैसे नहीं चौंकेंगे । आप यदि आँखें खोल कर देखो तो आप कहीं अलग नहीं हैं । उससे तुम भी नाभिनालबद्ध हो । आपका सम्बन्ध भी वैसा ही है जैसा माँ-बच्चे का । बच्चा बड़ा हो जाये तो माँ से दूर हो जाता है । धीरे-धीरे माँ के प्रभावों से दूर हो जाता है । पर माँ दूर नहीं होती । चोट बच्चा खाता है, तड़पती है माँ । माँ समूचा हृदय है । जीवित-सप्राण, संवेदनशील हृदय सदैव धड़कता हुआ । संतान से हर क्षण जुड़ा हुआ । ऐसा जैसे एक आत्मा का दूसरे से सम्बन्ध । बस अंतर यह हुआ है कि अब शिशु बड़ा हुआ तो उसने दुनिया के व्यवहारों में संवेदना क्षीण कर ली । उसी शिशु की संवेदनाएँ अब क्षीण हो चुकी हैं । बड़े होकर । पर माँ की संवेदनाएँ वैसी ही हैं—जाग्रत । चैतन्य । संतान की धड़कनों से, प्रकृति से, जुड़ी हुईं । ऐसे ही आप उस वृहत-चैतन्य से अलग होकर दूर निकल गये हो । बल्कि विरुद्ध चले गये हो । यह विकृति है । 'कृति' का अर्थ है 'सृष्टि' । 'प्र' का अर्थ होता है 'प्रवीण' । प्रकृति अर्थात् सृष्टि करने में प्रवीण होना । फिर 'वि' का अर्थ विपरीत, अलग, अभाव है । विकृति सृष्टि के विपरीत होना है । संस्कृति का अर्थ हुआ सृष्टि के अनुकूल संस्कारों की रचना । मनुष्य आज सृष्टि-प्रकृति के विपरीत और दूर निकल गया है । वह सृष्टि में व्याप्त चैतन्य को न देख पा रहा है न अनुभव कर पा रहा है । क्योंकि वह विकृति का शिकार हो गया है । जितने भी संत हुए हैं, वे सब प्रकृति से-सृष्टि से, सत्य से जुड़े हुए हैं । उन्होंने जो कुछ भी कमाया है—वह सब प्रकृत्त है—उसे ही वे बाँटने में लगे रहते हैं । हम यदि प्रकृति से अलग हो गये हैं तो अर्थ हुआ कि हम विकृति को

प्राप्त हो गये हैं । अब प्रकृति के, माँ के, हृदय के सत्य के कोई संदेश हम तक नहीं आते । वे संदेश जो पहले आते थे, आने बंद हो गये हैं ।

एक और बात । संस्कृति का अर्थ है संस्कार । आप यहाँ आते हैं संतों के पास, संतों की वाणी सुनने तो अपने सोये या खोये हुए संस्कारों को पुनः-पुनः जगाने के लिये, पुनः-पुनः उपलब्ध करने के लिए । मंदिर में, योगाश्रम में, मस्जिद में, धर्मशाला में, गिरजा में—या अपने घर में जहाँ गृहस्थी चल रही है । उसी छत के नीचे एक नुक्कड़ में कबीर, दादू, मलूकदास, नानक के चित्र रखकर आप ध्यान में उतर जाते हैं अपने संस्कारों को पुनः जगाने । अपने खोये हुए को याद करने । अपने मूल, आधार शब्द, नाद, प्रकाश के ध्यान में । बस थोड़ा-सा धूप-दीप जला कर । उसी छत के नीचे । बस । यानी आपने एक विशेष कक्ष बना रखा है याद करने का । ऐसे ही आप कभी-कभी यहाँ आते हैं पुनः-पुनः याद करने । हमने अपने भवन को, घर को कई-कई कक्षों में बाँट रखा है । किन्तु ईश्वर और उसकी सत्ता-अस्तित्व तो अखण्ड है । अविभाज्य है । हर कहीं मंदिर-मस्जिद-गिरजा-गुरुद्वारा में या विशेष कक्ष में बँटा हुआ नहीं । हम उस सर्व-व्यापक का अंग हैं । नाभिनालबद्ध हैं । मुक्त होकर भी बँधे हैं । हमारे सात शरीरों की बात, कही है योगियों ने, हमारे एक शरीर में । हम अभी तीन शरीरों की बात करते हैं । एक हमारी देह है । इसके भीतर सूक्ष्म देह है—मानसिक अस्तित्व । तो मन है शरीर में । जो प्रसन्न और दुखी होता है । आपने प्रकृति दृश्य देखा—नदी को, झरने को, बादल को देखा प्रसन्न हो गये । मन खुश हो गया । कैसा अद्‌भुत दृश्य है ! क्या नजारा है ! मन खुश हो गया । कुछ स्वादिष्ट खा लिया आपने कहा—वाह मन खुश हो गया । तो मन कहाँ है ? मन इंद्रियों में है । आँख, कान, नाक, जिव्हा और स्पर्श पाँचों मिलकर भी और पृथक्-पृथक् भी मन है । तो जिसके आँखें नहीं हैं या कान नहीं हैं उसके मन के ये द्वार तो बंद हो गये । वह इनके द्वारा सुंदर दृश्य नहीं देख सकता या संगीत का आनंद नहीं ले सकता । अनुभव करने की पाँच शक्तियों का नाम भी मन है ।

देह और मन से भी अति सूक्ष्म तीसरा अस्तित्व है आत्मा का । इंद्रियों के और मन के भी परे यह अस्तित्व है आपका । रात्रि समय सूनी सड़क पर आपने अकेले किसी व्यक्ति को गिरा-पड़ा तड़पता हुआ देखा, उसे उठाया । थोड़ी देखभाल की । पानी पिलाया । सँभाला । तो आपको आने भीतर आनंद के फुहारे फूटते लगेंगे । बड़ी शाबाशी मिलेगी । असीम आनंद में जीवन भर नहाते रहेंगे आप । जब-जब यह घटना याद आयेगी । यह शाबाशी देने वाला कौन है भीतर ? शरीर नहीं । मन नहीं । आत्मा है । जीवित । जीवन्त । और यदि आपने उस अकेले व्यक्ति को सूने में तड़पते छोड़ दिया । मरने को । तड़पने को । जिसका उस समय आपके सिवा कोई और सहारा नहीं है । उसे आपने छोड़ दिया । घर आ गये । आपकी आत्मा यदि जीवन्त है, जीवित है ज़रा भी तो आप सो नहीं पायेंगे । आप की आत्मा आपको मारेगी । तड़पता हुआ

व्यक्ति आपके भीतर उतर जायेगा । भीतर तड़पेगा, तो आपको चैन कैसे आ सकता है । थोड़ी-सी लापरवाही का, उसे तड़पते छोड़ आने का ऐसा मलाल भीतर ही भीतर सालता रहेगा । चीरता रहेगा । कोड़े बरसाता रहेगा और आप निःसहाय बने तड़पते रहेंगे पूरा जीवन । जब-जब यह घटना याद आयेगी, कोड़े बरसेंगे, भीतर । यह कौन है जो इस तरह कोड़े बरसाता है ? यही आत्मा है । यदि आपने इसे ही तड़पा-तड़पा कर मार नहीं दिया अपने भीतर, कमजोर नहीं बना दिया, तो यह पूरे, ऊँचे स्वर में तुम्हें पुकारेगा हर बार । हर बार । जब भी आप मानवीय दृष्टि से कोई बुरा काम करेंगे तो यह आपको पूरी शक्ति से रोकेगा, चिल्ला-चिल्ला कर अपनी बात कहेगा । आपके हाथ रोकेगा । आपके पाँव बाँधेगा । ताकि आप बुराई के लिए हाथ न उठा सकें । बुराई के लिए कहीं जा न सकें । तो तुम्हारे तीन अस्तित्व हैं, क्योंकि तुम मनुष्य हो । पशु के तीन अस्तित्व नहीं होते । तुम्हारे हैं । तुम श्रेष्ठ हो । बल्कि श्रेष्ठतम हो ।

शरीर को, देह को बड़ा जो बना ले उसे हम पहलवान कहते हैं । मानवों में मानसिक अस्तित्व को बड़ा बना लेने वाला महामना कहलाता है हमारे देश में । महामना मदन मोहन मालवीय । और आत्मिक अस्तित्व को बड़ा बना लेने वाला (महत्आत्मा) महात्मा कहलाता है । जैसे महात्मा गांधी । दुनिया की अन्य भाषाओं और देशों में ये सूक्ष्म विभाजन और नाम नहीं मिलेंगे । वे इन चीजों से अनभिज्ञ हैं । नावाकिफ हैं, इसलिए । किन्तु उन देशों में मानवीयता इन अर्थों में शेष है कि वे पुकारने पर सहायता करते हैं । सब प्रकार की वैज्ञानिक-औद्योगिक प्रगति ने वहाँ के मनुष्य को कितना भी अकेला और अजनबी क्यों न बना दिया हो फिर भी, जितना भी जीवन्त अहसास वहाँ है, वह धोखा नहीं । छलावा नहीं । हमारे यहाँ धोखा और छलावा आ गया है । मानवीय धड़कनों के रहते भय और स्वार्थ ने काफी हानि पहुँचाई है । तरह-तरह के भयों से आक्रांत है यहाँ का जीवन । विशेषकर नागरी जीवन । गाँव-देहात में तमाम तरह की स्वार्थपरता के बावजूद मानवीयता, जीवन्तता, संवेदना, हमदर्दी बची हुई है । नगरों-महानगरों में व्यक्ति अति-स्वार्थी, अति-सुविधावादी, अति-कायर हो गया है । वह मात्र देह को जानता है । देह की भाषा उसे समझ आती है । देह को सजाना वह जानता है । उसी को सँवार कर, इत्र लगा कर, धनी हुआ तो, प्रसन्न हो जायेगा । धरती से ऊँचे गद्दों पर बैठ कर निहाल है । मन की खबर नहीं उसे । आत्मा की तो पूछो नहीं । कभी उसने इसकी खोज-खबर तक नहीं ली होगी । सँभाल तो दूर उसकी बात तक सुनना उसे गवारा नहीं । जब भीतर से आवाज उठी, उसने टेंटुआ दबा दिया ।

मलूकदास कहते हैं, "मलूका सो ही पीर है, जो जाने पर-पीर ।" अपनी पीर सब जानते हैं । पर की पीर तो कोई-कोई जानता है । कितना बड़ा है यह 'पर' । कितना छोटा है यह 'स्व' जो हमें स्वार्थ-केन्द्रित कर देता है । सबसे काट देता है । छोटा बना देता है । तो वही वास्तव में भक्त है, संत है, जो दूसरों की पीड़ा को जानता है, समझता है । व्याकुल हो उसे पीड़ा-मुक्त करने को आगे बढ़ता है । किन्तु जो दूसरों की 'पीर'

नहीं जानता वह बेपीर है । नगुरा है । विधर्मी है । ईश्वर-विरोधी है । क्योंकि वह प्रभु की रचना से प्रकृति से कट कर विकृति में पड़ा है । मानवीय संवेदना से विमुख है । वह मनुष्य भी कहाँ रह जाता है ।

संत मलूकदास का एक अन्य बड़ा मार्मिक दोहा है :

हरी डारि ना तोड़िये, लागै छूरा बान ।
दास मलूका यों कहै, अपना-सा जिव जान ।।

संतों का हृदय प्रकृति का दर्पण है । उनके हृदय में प्रकृति का बिम्ब ज्यों का त्यों उतर आता है । प्रकृति की वेदना-पीड़ा भी अपना आकार वहीं देखती है । उनका मन जैसे मानसरोवर । उनका मन जैसे शरद की पूनो का स्वच्छ तारों खिला-खुला आकाश । तो यदि परमात्मा को, अदृश्य को भी देखना हो तो संतों के हृदय में झाँक लो । बस ! साफ-साफ आप उसका दीदार पा लेंगे । उन्होंने ही अदृश्य को दृश्य किया है अपनी वाणी में । उक्त दोहे में मलूकदास कहते हैं "हरी डारि न तोड़िये" हरी डारि यानी वृक्ष के साथ जुड़ी हुई टहनी, जो जड़ों से भी जुड़ी हुई है—इसलिए रस-सिक्त है । उसे मत तोड़ो । जो हवा में लहरा रही है : जीवन को और यों परमात्मा के अस्तित्व को, गा रही है । जिस पर बैठ चिड़ियाँ चहक रही हैं, फूलों सजी, इस डारि को देख-देख कर भँवरों की डार बहक रही है । "हरी डारि न तोड़िये"—इसे तोड़ो नहीं । क्योंकि अभी यह हरी है । सम्भावनाओं से भरी हुई है । अनंत सम्भावनाएँ इसके भीतर मचल रही होंगी । गंध बन कर महकने की, रंगों में सजने की । और न जाने अभी कितने-कितने संदेशों को उसने कहाँ-कहाँ पहुँचाना है । तो "हरी डारि न तोड़िये लागै छुरा बान ।" इसे तोड़ने से इस हृदय में छुरा या बान गड़ जाने जैसी पीड़ा होती है । यह भी बिल्कुल मानवों जैसी पीड़ा का अनुभव करती है । छुरा और बाण धँसने से जैसे मानवों की देह पीड़ा-वेदना अनुभव करती है, वैसी ही पीड़ा से यह भी बेहाल हो जाती है । अतः मलूकदास कहते हैं इस हरी टहनी के जीवन को भी अपना जैसा जानो । हरी टहनी का जीव भी तुम्हारे, मानवों के जीव जैसा ही है । वनस्पतियों में भी मानवों की चेतना जैसी ही प्राण-चेतना विद्यमान है । वनस्पतियों को भी अपने जैसा ही मानें । सूक्ष्म चेतना, फूलों, पत्तियों, टहनियों, पेड़-पौधों में जो विकसित है—मानवीय चेतना उसी का सुविकसित हिस्सा है । वनस्पतियों का विकास ही मानवीय विकास के रूप में हुआ है । नोबेल पुरस्कार प्राप्त भारतीय वैज्ञानिक श्री सी.वी. रमण का भी यही मानना है । विभिन्न प्रयोगों के उपरांत उन्होंने यह पाया और सिद्ध किया कि पेड़-पौधों में भी मनुष्यों जैसी ही प्राण-चेतना विद्यमान होती है । उन्हें काटने के इरादे से आ रहे लकड़हारे और कुल्हाड़े को देखकर उन्हें भी वैसा ही भय होता है—चमड़ी (छाल) सिकुड़ती है, जैसे मनुष्यों की । तेजाब डालने पर पेड़ पर भी उसका वैसा ही प्रभाव होता है, जैसा मनुष्य की चमड़ी पर डालने पर । वृक्षों का रक्त (सफेद रस) भी वैसे ही बहता है, जैसे मनुष्यों का रक्त (लाल रस) । किन्तु संतों ने इन सत्यों को किन्हीं प्रयोगों के माध्यम से नहीं प्राप्त किया । उनके धुले

साफ दर्पण सदृश्य आत्माओं में ये संदेश स्वयमेव आये हैं । उनकी संवेदनाएँ प्रकृति-सत्यों से जुड़ गयीं तो ये तथ्य, सत्य बनकर अपने आप व्यक्त हो गये । संतों ने इस सृष्टि के रहस्य और उद्देश्य का अर्थ पा लिया है, अंत पा लिया है, तभी वे संत बने । दृश्य जगत के भीतर के लुके, छिपे, तहे, ढंके चैतन्य जगत को—अदृश्य को उन्होंने लक्ष्य कर लिया होता है, तभी वे उस अदृश्य के दृश्य संकेत हम तक पहुँचाते हैं । ये अर्थ-संकेत पुनः उन्हीं तक उद्घाटित होते हैं, जिनके हृदय साफ हों, धुले हों । जिनकी आँखें दूसरों की पीड़ा में नम हो सकें ।

घर के आगे एक वृक्ष है । उसकी टहनी पर कहीं से आकर चिड़िया बैठ गयी । एक छोटा बच्चा भीतर से नन्हे-नन्हे पाँवों चलता डगमगाता-सँभलता बाहर आया, उसने देखा चिड़िया को । वह गा रही है । टहनी, उसके बोझ से झूल रही है । बच्चा भी चहक उठा "पा-पा चिय्या" ! "मम्मी चिय्या" बच्चा उछल-उछल ताली बजा रहा है और आवाजें दे रहा है । मम्मी बाहर आई "क्या है ? क्यों शोर मचा रखा है ?" "मम्मी चिय्या, मम्मी चिय्या" इतना छोटा बच्चा जो चिड़िया भी नहीं बोल सकता उसका इतना बोलना काफी है । वह इस छोटी-सी घटना में महा घटना, ईश्वरीय संकेत को देखकर प्रसन्न है । आनंदित है । वह अभी उस सेतु पर खड़ा है जो प्रकृति और दृश्य जगत के मध्य कायम है । चैतन्य सेतु । चेतना से निर्मित सम्बन्ध सूत्र । किन्तु मम्मी बड़ी हो गयी हैं । दुनियादार । आज की दुनिया के कारोबार और व्यवहार को कमाने में संपर्क-संवेदनाएँ गँवा चुकी हैं । सेतु ध्वस्त हो चुका है । वह बच्चे को खींच कर भीतर ले जाती हैं—"चल भीतर बैठ मुझे देर हो रही है । दफ्तर जाना है । बस निकल जायेगी ।" बच्चा जिद करता है "चिय्या-चिय्या" रोते हुए बच्चे को माँ जबरदस्ती भीतर ले जाती है । वैसी घटना पुनः देख कर वह फिर वैसा ही आनंदित होता है । चिड़िया के आने पर भी खुश, "चिय्या आयी ।" और जाने पर भी वैसा ही खुश "चिय्या गयी ।"

क्योंकि प्रकृति और सत्य समान होते हैं । देश-काल परिस्थिति के बदल जाने पर उनमें परिवर्तन नहीं होता । पहाड़ों में कूदता-फाँदता झरना जो कभी पहले जैसा था, आज भी वैसा ही है । कल को भी वैसा ही रहेगा । उसे देखने वाले जैसे पहले आनंदित हुए होंगे, वैसे ही आनंदित आज भी होते हैं और कल भी होंगे । पहाड़ों को देखो तो वे भी इसी तरह शाश्वत मिलेंगे । समुद्र भी । आसमान भी । पेड़-पौधे-फूल सभी प्रकृति हैं । प्रकृति का अंश हैं । और यह प्रकृति ही सत्य है । ईश्वर का रूप है । इसमें लोगों को देखकर, लोगों के कारण विकार या परिवर्तन नहीं होता, इसलिए प्रकृति ही परमात्मा का रूप है । बच्चा भी प्रकृति-सत्य के निकट होने से परमात्मा का ही रूप है । प्रकृति के रूप से वह परमात्मा के—संवेदनशीलता के वैसे ही संकेत पा लेता है जो प्रसारित हो रहे हैं । संत आयु में बड़े होकर भी अपने बचपन को नहीं गँवाते बल्कि उसे और समृद्ध करके बाँटते हैं । कबीर भी ऐसे ही संत थे । मलूकदास भी । रैदास भी । नानक भी । दादू भी । क्या हम अपने बचपन की कच्ची, मासूमियत से धुली दूधिया आँखें और

कुँआरा मन तथा बेदाग कोरी चादर-सी आत्मा वापस नहीं पा सकते ? कोशिश करने में क्या हर्ज है !

ईश्वरीय अनुभूति को आत्मसात करना होता है, मात्र उसका साक्षात्कार पर्याप्त नहीं । योग भी इसी तथ्य को प्रमाणित करता है, भक्ति भी । वेदों में तथ्यों का प्रमाण मिल जायेगा आपको सत्य की अनुभूति नहीं । वह कार्य आपको, प्रत्येक को, स्वयं करना होगा । उसे आत्मसात वही कर सकता है, जिसके पास विनम नेत्र हों, कुँआरा मन हो, कोरी आत्मा हो । क्या आपके पास ये तीनों हैं ? नहीं हैं । कभी थीं । सबके पास थीं । होती हैं । सहज रूप में । परमात्मा देकर भेजता है । धनी-निर्धन सभी के पास होती हैं । उसे गँवा कर सब परेशान होते हैं । हाथ मलते हैं । बच्चे के पास ये होती हैं । उसने अभी कुछ गँवाया नहीं होता । धीरे-धीरे जैसे ही वह इस दुनिया का रंग पकड़ता है, चलन साधता है, वह अपने नेत्रों की नमता, हृदय का कुँआरापन, आत्मा का कोरापन गँवाता जाता है । किंतु कबीर ने अपनी चदरिया को कोई दाग नहीं लगने दिया, कोई दुनियावी रंग उस पर नहीं चढ़ने दिया और कोरी की कोरी, 'ज्यों की त्यों धर दीनी चदरिया ।' अन्यथा माया में फँस कर दाग पर दाग लगाते जाते हैं सब । अपनी चदरिया को मैली कर लेते हैं । फिर यह चदरिया, कबीर की, रामरस से भीगी हुई है । अष्टकमल का चरखा बनाया, पाँच तत्त्व की पूनी, नौ दस मास बुनने में लगे हैं इसे । लोगों ने अपनी मूर्खता के कारण मैली कर दी है । किन्तु कबीर ने ओढ़ी भी, जतनपूर्वक, सँभाल कर रखी फिर ज्यों की त्यों रख दी ।

सो चादर सुर-नर-मुनि ओढ़िन, ओढ़ि के मैली कीनी चदरिया ।
दास कबीर जतन से ओढ़िन, ज्यों की त्यों धर दीनी चदरिया ।।

(संत मलूकदास के प्राकट्य दिवस अप्रेल, 1993 में दिये गये व्याख्यान के प्रमुख अंश ।)

❑

क्या कबीर नास्तिक थे ?

कुछ लोग कबीर को नास्तिक, अनीश्वरवादी मानते हैं । उनका तर्क तो यह है कि कबीर ने हिन्दू-मुस्लिम दोनों धर्मों की निंदा की है । 'इन दोनों सूझत नाहिं' कह कर उन्होंने दोनों धर्म-मार्गों को नकारा है । अतः वह अनीश्वरवादी हैं या कहें निरीश्वरवादी हैं । इन लोगों का दूसरा तर्क यह है कि उन्होंने अपने समय से पूर्व के सभी लिखित धर्म-ग्रंथों-पुराणों, उपनिषदों-वेदों को भी नकार दिया है । 'तू कहता कागद की लेखी, मैं कहता आँखिन की देखी ?' कबीर का यह मत अति प्रसिद्ध है । अतः धर्म नीति पद्धति-व्यवहार को, जो धर्म-ग्रंथों में निबद्ध है, कबीर ने समेट कर अलग कर दिया है । वह इसे न प्रमाण योग्य मानते हैं, न व्यवहार योग्य । अतः उन्हें आस्तिक या ईश्वरवादी नहीं माना जा सकता । तीसरी बात यह कि दार्शनिक आधार पर वह जीववादी हैं । उनके चिंतन-मनन-दर्शन का केन्द्र 'ईश्वर' नहीं 'जीव' है । जीव की चिंता, चिंतन और चेतना उनके सारे सोच का हेतु है । जीव, माया और भौतिक जगत् ।

हमारा निवेदन है कि कबीर के जगत्-प्रसिद्ध ग्रंथ, जिसे सभी प्रामाणिक आधार-ग्रंथ स्वीकार करते हैं, के अनुसार ही यदि देखें तो कबीर को नास्तिक कहने वालों के सभी तर्क तुरंत निरस्त हो जायेंगे । सबसे पहली बात तो यह है कि कबीर को नास्तिक कौन लोग मानते हैं । ये वे लोग हैं, जिन पर धर्माचारों का—धार्मिक बाह्याचारों का अंध-कुहासा हावी है । जो धर्म के मर्म को नहीं समझते-जानते और पत्थर-पूजा, नमाज, रोजा, माला-फेरने तक सीमित हैं । मस्जिद पर चढ़ कर बांग देने या छापा-तिलक की बाह्याचारी आडम्बरी सीमाओं तक रुके हुए हैं । धर्म की अनुभूति, जो मानवीय संवेदनात्मक अनुभूति हुआ करती है, उससे इन लोगों का न तो साक्षात्कार हुआ है, न ही यह उस उल्लास में डूबे हैं कभी । और मात्र बाहरी आचरणों तक सिमट कर रह गये हैं और इन्हीं के आधार पर परस्पर विभेद की दीवार खड़ी किये हुए हैं ।

जो गुरु को मानता है, गुरु-परम्परा में विश्वास रखता है, गुरु को सर्वोच्च स्थान देता है, वह नास्तिक कैसे हो सकता है । जो भगवान से भी पूर्व मानता है गुरु को, वह गहन आस्तिक के सिवा कुछ और हो ही नहीं सकता । अन्यथा गुरु के लिए कबीर ये शब्द कैसे कहते :

गुरु गोविंद दोनों खड़े, काके लागूँ पाँय ।
बलिहारी गुरु आपने, गोविंद दियो मिलाय ।।

गोविंद—ईश्वर को मिलाने वाला—गोविंद का रास्ता बताने वाला गुरु है, 'गु'-अंधकार, 'र'-प्रकाश । अंधकार से प्रकाश की ओर ले जाने वाला है गुरु तभी तो उसका इतना ऊँचा स्थान है । अन्यत्र भी वह कहते हैं :

हंसै न बोलै उनमनी चंचल मेल्ह्या मारि ।
कहै कबीर भीतरि मिधा, सतगुरु कै हथियार ।।

यह भी सर्वविदित है कि भक्ति के क्षेत्र में गुरु के प्रति निष्ठा, नियम, संयम को कबीर कितना जरूरी मानते हैं । उनका मानना है कि मन की चंचलता को दूर करके उसे उन्मनी अवस्था तक पहुँचाने में गुरु के मर्मभेदी शब्दबाण ही कारगर होते हैं । इतना ही नहीं, कबीर गुरु और गोविंद को एक ही मानते हैं :

गुरु गोविंद तो एक है, दूजा यह आकार

फिर गुरु की परम्परा को इतना महत्त्व देने वाला कबीर कैसे निरीश्वरवादी या नास्तिक हो सकता है ? बल्कि आस्तिकों में श्रेष्ठतम आस्तिक सिद्ध होता है । उसका भगवान मात्र पत्थर, ईंट का मंदिर, मस्जिद की चारदीवारी में कैद बँधा-बैठा, पंडों, महंतों, मुल्लाओं के आश्रित नहीं है । वह सर्व-व्यापक है । घर-घर में है । प्राणी-प्राणी में है, बल्कि और भी सूक्ष्म 'पुहुप बास ते पातरो,' है, अत्यन्त सूक्ष्म अनुभूति है । पुष्पों की गंध से भी सूक्ष्म अमूर्त व चैतन्य है, जो अपनी छुअन से जीवंत कर जाती है, जीवनी शक्ति से आप्लावित कर जाती है । जिसकी कृपा से अंधों को सब कुछ दिखाई देने लगता है ।

❑

ओशो रजनीश की दृष्टि में कबीर

शिखर से शिखर का संवाद क्या कभी आप ने सुना है ? गहराई से गहराई क्या और कैसी बातें करती है ? विराट से विराट कैसे बोलता है ? रहस्य को, दूसरे युग में ही सही, रहस्य किस भाषा में समझता-समझाता और खोलता है ?

मौन ! मौन ! मौन ! मौन !

इस सन्दर्भ में जितने भी प्रश्न उत्पन्न हों आपके मन में उनका उत्तर केवल मौन है । क्योंकि यहाँ कोई भी मानवी भाषा आज तक काम नहीं आयी । कबीर ही इसे यों कहते हैं :

अकथ कहानी प्रेम की, कछु कही न जाय ।
गूँगे केरी सरकरा, खाइ और मुस्काय ।।

तब ओशो स्वयं इन्हें किन शब्दों में और किस भाषा में समझायें, जबकि वह स्वयं शिखर, गहन, विराट और रहस्य के भेद को पा गये हों ! ओशो महा मौन के साक्षी बन चुके हैं । यों संतों के लिए, सभी संतों के लिए उनके मन में समादरभाव है; किन्तु कबीर वाणी पर, कबीर के कथन और भाव पर ओशो मंत्र-मुग्ध हैं । गहरे अहोभाव से भरे हुए हैं । कारण ? "कबीर अनूठे हैं । और प्रत्येक के लिए उनके द्वारा आशा का द्वार खुलता है । क्योंकि कबीर से ज्यादा साधारण आदमी खोजना कठिन है और अगर कबीर पहुँच सकते हैं, तो सभी पहुँच सकते हैं । कबीर निपट गँवार हैं, इसलिए गँवार के लिए भी आशा है, बे-पढ़े-लिखे हैं, इसलिए पढ़े-लिखे होने से सत्य का कोई भी सम्बन्ध नहीं है । जाति-पाँति का कुछ ठिकाना नहीं कबीर का—शायद मुसलमान के घर पैदा हुए, हिन्दू के घर बड़े हुए । इसलिए जाति-पाँति से कबीर का कुछ लेना-देना नहीं है ।"

कबीर आजीवन गृहस्थ रहे । हाथों से कपड़ा बुनना । बेचना । कमाना और खाना । उन्हें परमात्मा को खोजने हिमालय पर नहीं जाना पड़ा । परमात्मा उनके पास स्वयं पहुँचा । कबीर ने कुछ भी छोड़ा नहीं फिर भी परमात्मा को पा लिया । इसलिए भी वह अनूठे हैं !

ओशो कबीर की उपलब्धि की तुलना बुद्ध से करते हुए कबीर को बुद्ध से भी ऊँचा बताते हैं । क्योंकि बुद्ध के पास, परमात्मा को पाने से पहले बहुत उपलब्धियाँ हैं । बुद्ध ज्ञान और अनुभव प्राप्त करने के बाद जहाँ, जिन नतीजों पर पहुँचे हैं, उन्हें कबीर सहज ही समझ गये हैं और पहुँच गये हैं ।

कबीर के जीवन में कोई विशिष्टता नहीं है, इसलिए विशिष्टता अहंकार का आभूषण होगी; आत्मा का सौंदर्य नहीं ।

बुद्ध सम्राट के बेटे थे । कबीर सड़क पर बड़े हुए । कितना फासला है । इसलिए बुद्ध से आशा नहीं बँधती, बुद्ध होना कहाँ संभव है । कबीर से बड़ी आशा बँधती है । कबीर होना सब के लिए संभव है । जो कोई होना चाहे, हो सकता है । संभावनाएँ यहाँ अनंत हैं । "कबीर राजपथ हैं । बुद्ध का मार्ग बड़ा संकीर्ण है, उसे थोड़े ही लोग पा सकेंगें, पहुँच सकेंगे ।"

"बुद्ध की भाषा भी उन्हीं की है—चुने हुए लोगों की । एक-एक शब्द बहु-मूल्य है, लेकिन एक-एक शब्द सूक्ष्म है । कबीर की भाषा सबकी भाषा है । बेपढ़े-लिखे आदमी की भाषा है । अगर तुम कबीर को न समझ पाए, तो तुम कुछ भी न समझ पाओगे । कबीर को समझ लिया, तो कुछ भी समझने को बचता नहीं ।"

ओशो और आगे बढ़ते हैं । वे महान अवतारों के साथ भी कबीर की स्थितियों की तुलना करते हैं

"महावीर सम्राट के बेटे हैं, कृष्ण भी, राम भी, बुद्ध भी; वे सब महलों से आये हैं । कबीर बिल्कुल सड़क से आये हैं । महलों से उनका कोई भी नाता नहीं है । कहा है कबीर ने कि कभी हाथ से कागद और स्याही छुई नहीं 'मसि कागद छुओ न हाथ' ।" ऐसे अनूठे कबीर की वाणियों का विश्लेषण-व्याख्या भी अनूठी की है ओशो ने ।

उनका कहना है कि कबीर जैसे सहज-सरल किन्तु गूढ़ व्यक्ति के शब्दों को मात्र संकेतों में समझाया जा सकता है, व्याख्या नहीं की जा सकती । "मैं कबीर के शब्दों का अर्थ नहीं करूँगा । शब्द तो सीधे-सादे हैं । कबीर को तो पुनरुज्जीवित करना होगा । व्याख्या नहीं हो सकती उनकी, उन्हें पुनरुज्जीवन दिया जा सकता है । उन्हें अवसर दिया जा सकता है कि वे मुझसे बोल सकें ।

तुम ऐसे ही सुनना जैसे यह कोई व्याख्या नहीं है, जैसे बीसवीं सदी की भाषा में, पुनर्जन्म है । जैसे कबीर का फिर आगमन है । यह तो हृदय की वीणा की अनुगूंज है ।" और ओशो-जैसे बुद्ध पुरुष भी अपने को कबीर की वाणी की व्याख्या करने के लिए अक्षम पाते हैं, तो इस कारण कि अध्यात्म की अनुभूति ही ऐसी है, जो अनुभूति का ही विषय है । इसलिए ओशो के प्रवचनों में जहाँ भी इस अनुभूति की या गहनता-सूक्ष्मता का वर्णन आता है वे स्वयं कविता करने लगते हैं । कविता का सहारा लेना अनिवार्य हो जाता है । कविता में बिम्ब, प्रतीक, रूपक और संकेतार्थों के सहारे कुछ निकट पहुँचा जा सकता है । आभास कराया जा सकता है । ओशो मानते हैं कि संत तो हज़ारों हुए हैं, पर कबीर ऐसे हैं जैसे पूर्णिमा का चाँद अतुलनीय, अद्वितीय ! जैसे अँधेरे में कोई अचानक दीया जला दे, ऐसा यह नाम है । जैसे मरुस्थल में अचानक मरु-उद्यान प्रगट हो जाए, ऐसे अद्भुत और प्यारे उनके गीत हैं ।

कबीर सीधी-सीधी अनुभूति है । अंगार है । राख नहीं । राख को तो तुम सँभाल

कर रख सकते हो । अंगार को सँभालना हो तो श्रद्धा चाहिए, तो ही पी सकोगे यह आग । कबीर आग हैं । एक घूँट भी पी लो तो तुम्हारे भीतर भी अग्नि भभक उठे—सोयी अग्नि जन्मों-जन्मों की । तुम भी दीये बनो । तुम्हारे भीतर भी सूरज उगे । और ऐसा हो, तो ही समझना कि कबीर को समझा । ओशो के ये शब्द हमें उस चैतन्य की पहचान करा रहे हैं, जो सृष्टि में व्याप्त है । घट-घट में और कण-कण में व्याप्त है । जिसे स्पर्श करने से व्यक्ति स्वयं जल उठता है । सूरज बन जाता है, जन्म-जन्म का अंधकार दूर हो जाता है ।

हमारी सदी में ही अँधेरा हो मनुष्यता के सामने, ऐसा नहीं । अँधेरा सदा रहा है; प्रकाश-पुरुष भी सदा ही हुए हैं । हाँ, अँधेरे के रूप अलग-अलग होते हैं । कारण भी अलग-अलग हो सकते हैं । कभी अँधेरा कई मुखों-चेहरों वाला होता है । कभी अधिक, कभी कम । आज उसके रूप-आयाम सर्वाधिक हैं । इससे निपटने के उपाय पुनः कबीर के चैतन्य में निहित हैं । क्योंकि कबीर प्रकाश-पुरुष हैं । आग हैं । सूरज हैं । हमारी सदी के अंधकार का प्रगाढ़ होना इसी से सिद्ध होता है, कि चैतन्य की पहचान ही नहीं खो गयी, उसकी जरूरत भी लोगों में जिज्ञासा को नहीं जगाये रख सकी । सब कुछ मिट्टी हो रहा है । राख ही राख है सब तरफ । मरी हुई मिट्टी होना सबने स्वीकार कर लिया है । मिट्टी को ओढ़ना, मिट्टी को बिछाना, और मिट्टी ही दाना-पानी मान लिया है । जबकि चैतन्य सब कहीं विद्यमान है ।

पश्चिम के उत्तर आधुनिक विचार के दार्शनिक यहाँ तक कहने लगे हैं कि हर व्यक्ति में आत्मा नहीं होती । असंख्य लोग आत्मा की सम्पत्ति से अनजान भी हैं, और निर्धन भी । आत्मा की अनुभूति से नावाकिफ व्यक्ति अध्यात्म की अनुभूति से भी वंचित ही रहते हैं । तब प्रेम की अनुभूति भी कहाँ संभव है वहाँ । अतः ओशो का कथन है कि "सिर्फ आदमी कुछ निसर्ग से टूट गया है अन्यथा किसी बुद्ध-पुरुष का जन्म अनिवार्यरूपेण पृथ्वी पर उन सबको खींच लायेगा, जिनके भीतर थोड़ी भी प्राण-ऊर्जा है, जिनके भीतर थोड़ा भी अंगार है, जो वस्तुतः जीवित हैं—मुर्दा नहीं हैं, लाशें नहीं हैं—जो अपने को ढो नहीं रहे हैं, जिनके जीवन में जरा भी जिज्ञासा है, मुमुक्षा है, खोज है । बुद्धत्व का जन्म चेतना के जगत् में सूर्योदय है । इसलिए जो वस्तुतः चेतन हैं, वे गुनगुना उठेंगे ।"

ओशो का कहना है कि "तुम्हारे भीतर फूल झर जाएँ, तो समझना कि कबींर को समझा । बाँसुरी बज जाए, तो समझना कि कबीर को समझा । इन्द्रधनुष प्रगट हो जाए, तो समझना कि कबीर को समझा ।" यानी कबीर को समझने का अर्थ है मन में बाँसुरी का बज उठना, फूलों का झरना, और इंद्रधनुषों का प्रगट होना । यानी गंध, नाद और रंगों का समारोह । यानी एक समूचे, शुद्ध, समृद्ध भाव का खिलना । इससे अलग और कौन-सी मुक्ति हो सकती है । इससे ऊँचा कौन-सा आनंद हो सकता है । यही सर्वोच्च भगवत्ता है । यही सर्वोच्च ऐश्वर्य है । इन्हें ही कई-कई तरह से ओशो ने पुनः प्रकाशित

किया है अपनी वाणी में ।

इतना ही नहीं, एक और आयाम भी शेष है—पीड़ा का । 'एक पीड़ा उठे यदि, प्रीति की पीड़ा, परमात्मा के विछोह की, आत्म-ज्ञान की । एक तीर चुभ जाए कि निकाले न निकले और वह पीड़ा तुम्हें जगा जाए तो ही मानना कि कबीर को समझा ।' यानी कबीर होना आदि लयों से, प्रकृति सत्यों से रू-ब-रू होना है । उन लयों में सराबोर हो गाना, नाचना, महकना, फलना है ।

"कबीर एक आमंत्रण है, एक पुकार है, एक आवाहन !" और यह आवाहन कहीं बाहर नहीं है, भीतर है । प्रत्येक प्राणी के भीतर—जड़ और चेतन के भीतर एक तड़प है, पूर्णता की । बीज में रखी हुई आग में, पानी की इयत्ता में, पत्थर में—प्राणियों में तो वह और भी तीव्र, उद्दीप्त, सजग है—पुकार के रूप में, लपट के रूप में, तड़प के रूप में । अग्नि कहीं भी हो उसकी लपट आकाश की ओर ही उठेगी—क्योंकि वह अपने स्वरूप—सूर्य को मिलना चाहती है । पत्थर आकाश की ओर फेंका जाने पर धरा की ओर इसलिए खिंचा आता है, क्योंकि वह धरा का अंश है । पानी सदा नीचे की ओर—समुद्रों की ओर नदियों के रूप में भागता चला जाता है, क्योंकि उसे वहीं पूर्णता मिलेगी । वही उसका विराट और अपना है । इसी तरह प्राणी भी अपने इन सब रूपों को लेकर भीतर ही भीतर परेशान रहता है और खुले आकाश, समुद्र, पहाड़, सूर्य में अपनी स्वाभाविक प्रशांति और आनंद की अनुभूति पाता है, किंतु चैतन्य रूप में फिर भी एक बेचैनी, एक तड़प, एक फांस, एक टीस बनी रहती है सदा । वह क्यों ? वह अपने राम, वह अपने पूर्णकाम, वह अपने प्रियतम से मिलने की अबूझ अकुलाहट है जो भीतर ही भीतर निर्धूम जलती रहती है । इसे चीन्हने, पहचानने, जानने, बूझने, समझने के लिए दुनिया के ज्ञान-विज्ञान, किताबी, मजहबी, धार्मिक बाह्याचार काम नहीं आयेंगे । अपने भीतर ही जाना होगा । वहीं वे ठिकाने हैं जहाँ से अजस्र आनंद की वर्षा हो रही है । यानी दुनिया के व्यापारों-व्यवहारों-विचारों से स्वयं को पृथक् कर के आप ध्यान में उतरें, समाधि में जायें या सहज ही अपने सभी कार्यों को राम के मान लें और सहज समाधि में मगन हो जायें—कोई भी विधि अपनायें तो आप परमात्मा के निकट पायेंगे स्वयं को । कबीर का कथन है :

यह तो घर है प्रेम का, खाला का घर नाँहि ।
सीस उतारे भुईं धरै, तब पैठे घर माँहि ।।

यहाँ सीस देना पड़ता है । अर्थात् स्वार्थ-विचार-शून्य, अहंकार रहित होना ही प्रियतम का वरण करना है । एक दिशा, एक राह और एक पक्ष चुनना होता है । द्वन्द्व, द्विधा, द्वैत—ये घातक अवरोध हैं :

कहैं कबीर मैं हौं वाही को
होनी होय सो होय ।।

अर्थात् अपने सभी संकल्प-विकल्प, हार-जीत, लाभ-हानि छोड़ कर प्रियतम के चरणों में स्वयं को समर्पित करना और यह स्वीकार कर लेना कि अब मैं हूँ ही नहीं । 'होनी होय सो होय !' यानी प्रिय के होने में सभी प्रकार की होनी को स्वीाकर कर लेना ही महामंत्र है । ओशो कहते हैं कि इस मंत्र को ख्याल में रखना । इस एक मंत्र के द्वारा ही तुम्हारे जीवन में क्रान्ति घटित हो सकती है । तुम्हारी सब गायत्रियाँ फीकी हैं । इतना कह सको तो पर्याप्त है । फिर तुम्हारे श्वास-श्वास से गायत्री उठेगी, गीता उठेगी, कुरान जागेगा । —ओशो जैसे जाग्रत युग-पुरुष चिंतक कवि के ये शब्द अपने आशयों में कितने गहरे और गंभीर हैं जो कबीर की अद्वितीयता सिद्ध कर रहे हैं । कबीर की एक अत्यन्त महत्त्व की साखी है, जिसमें अपने समकालीन प्रभावी धर्म-सम्प्रदायों की खिल्ली उड़ाई गयी है और राम के प्रति प्रेम को सर्वोच्चता दी गयी है :

शून्य मरै, अजपा मरै, अनहद हू मरि जाय ।
राम-सनेही ना मरै, कह कबीर समुझाय ।।

इस पद की व्याख्या में ओशो कहते हैं, वेद, कुरान, बाइबिल सब चौंक जायेंगे । कबीर खतरनाक है । सत्य कहने की उनकी आकांशा इतनी प्रबल है कि बिना चिंता किए, बिना सोचे कि किन हितों को आँच लगेगी, वे सीधी बात कह देते हैं । वे कहते हैं : सुन्न मरे । बौद्धों ने कहा है : 'जब तुम शून्य को पा लोगे, तब पा लिया ओम । जब तुम शून्य हो जाओगे, शून्य की अनुभूति होगी, तब पा लिया । कबीर कहते हैं : शून्य भी मरेगा—'अजपा मरे' । नानक ने जिसे कहा है 'अजपा' (जो अपने आप हो रहा है), कबीर कहते हैं—'अजपा मरै'—यह अजपा भी मरेगा । 'अनहद हू मरि जाय' । जिसको सूफियों ने अनहद कहा है जिसकी कोई हद नहीं, असीम, उसका अनुभव हो गया—सब हो गया; कबीर कहते हैं : 'अनहद हू मरि जाय'—ये सब मरेंगे । 'राम सनेही ना मरै'—सिर्फ जिसने प्रेम को पा लिया परमात्मा को पा लिया वही नहीं मरता—'कह कबीर समुझाये' । कबीर समझा यह रहे हैं कि 'शून्य', 'अजपा' और 'अनहद' की स्थितियों के बाद भी द्वैत शेष रहता है, इसलिए ये भी मिटने योग्य है । इनके मिटने पर ही परम आनंद, प्रेम, स्नेह की उपलब्धि होती है 'राम सनेही न मरे' से यही अभिप्राय है । क्योंकि तब उस स्थिति में सिर्फ प्रेम शेष रह जाता है और प्रेम ही शाश्वत है । प्रेम करने वाला, परमात्मा को चाहने वाला जब मर जाता है, मिट जाता है तभी प्रेम पैदा होता है । और उसका मरना ही अमर हो जाना है, मुक्त हो जाना है, परमपद को प्राप्त करना है । किन्तु लोग हैं कि मरने से डरते हैं । कबीर इस मरने में आनंद मानते हैं :

जिस मरने से जग डरै,
मेरो मन आनंद ।
कब मरिहौं कब भेंटिहौं,
पूरन परमानंद ।

कबीर इस मृत्यु से उत्फुल्लित हैं । पूर्ण एवं परम आनंद का अनुभव मानते हैं । इस उल्लास के लिए वे तत्पर हैं । इस मिटने को ही वे महादशा मानते हैं । अहंकार के मिटने, भेदबुद्धि उत्पन्न करने वाले ज्ञान के (अविद्या के) पर्दे के हटते ही जो घटित होता है, वह परमानंद है । उस आनंद घन की फुहारों में भीगने की इच्छा रखने वाले ही मिटना चाहने में खुशी मानते हैं । सहजोबाई ने इसे "बिनु घन परत फुहार" कहा है । अर्थात् बादल के न रहने पर भी आनंद-जल की फुहारें पड़ रही हैं और उसी में आपाद स्नान कर रहा है भक्त । सांसारिक दृष्टि से यह अनहोनी घटना तभी घटित होती है, जब अंतर-दृष्टि प्राप्त होती है । कबीर इसी अनुभव को इस प्रकार कहते हैं :

कबीर बादल प्रेम का, हम परि बरस्या आइ ।
अंतरि भीगी आत्मा, हरि भइ बनराइ ।।

ओशो का इस सम्बन्ध में कहना है कि 'शब्दों के बादल से कहीं वर्षा होगी ? शब्दों के बादल से अगर वर्षा हो भी तो क्या तुम्हारा बगीचा हरा हो जायेगा ? क्या वृक्षों में फूल लगेंगे ? वृक्षों को तुम धोखा न दे सकोगे । शब्दों की वर्षा से वे धोखे में न आयेंगे । वे असली जल चाहते हैं । असली जल अनुभव का जल है । और जैसे ही तुम सिर को हटा दोगे, वर्षा हो जायेगी । जैसे ही यह तुम्हारा अहंकार न होगा, बादल बरस जायेगा । बादल तो घुमड़ ही रहा है तुम्हारे ऊपर सदा से । बादल ने तो एक क्षण को तुम्हें छोड़ा नहीं है; क्योंकि वह तुम्हारा अन्तरतम स्वभाव है । वह तुम्हारी आत्मा के होने का गुण है ।'

और यों हम देखते हैं कि कबीर की वाणी की व्याख्या नहीं कर रहे ओशो—बल्कि कबीर ही हमसे बोलने लगते हैं । बीसवीं सदी की भाषा में कबीर ही हमसे संवाद कायम किये हैं । कबीर का फिर आगमन हुआ है । और उन्मुक्त कंठ से ओशो ने प्रशंसा की है कबीर की । कबीर की वाणी की अद्वितीयता की, उससे भी यही लगता है कि यह ओशो नहीं बीसवीं सदी में पुनः कबीर ही प्रकट हो पुनर्व्याख्या कर रहे हैं नये अंदाज में : "मनुष्य जाति के इतिहास में कबीर के सूत्रों का कोई मुकाबला नहीं है । इनसे सरल और सीधे, इनसे स्पष्ट और साफ वचन पृथ्वी पर कभी नहीं बोले गये हैं । यह तो दुर्भाग्य की बात है कि कबीर भारत के बाहर न के बराबर परिचित हैं अन्यथा झेन फकीर फीके पड़ जाएँ; हसीद फकीरों का नाम लोग भूल जाएँ; सूफियों की क्या बिसात है ? कबीर का एक-एक वचन जैसे हज़ारों शास्त्रों का सार है । गीता होगी कितनी ही कीमती, लेकिन कबीर के एक शब्द में समा जाए ।...कबीर अनगढ़ हीरा हैं—सीधे खदान से निकले । शब्द उनके अनगढ़ पत्थर की भाँति हैं । गढ़े हुए पत्थर को तो कोई भी पहचान ले, उसके लिए कोई बड़े पारखी की ज़रूरत नहीं है, अनगढ़ हीरे को पहचानने के लिए तो बड़ा गहरा पारखी चाहिए ।"

अब कुछ भी कहने की गुंजाइश नहीं रही हमारे लिए कि ओशो ने अपने अंतिम शब्दों में यहाँ कबीर के साथ ही अपनी पहचान भी करा दी है । सच है, बड़ा गहरा

पारखी ही 'कबीर-वचन जैसे अनगढ़ हीरे' की पहचान कर सकता है । हमने आरम्भ में कुछ प्रश्न रखे थे । अंत में भी हम मौन ही हैं उन प्रश्नों के सामने । यदि कोई उत्तर हैं तो वे स्वयं कबीर हैं जिन्हें अभी हमने ओशो के माध्यम से बीसवीं सदी की भाषा में पुनः सुना । कबीर का आगमन हुआ । कबीर हमारी बीसवीं सदी में पुनः संभव हुए हैं । क्या इस बार भी हम चूक जायेंगे ? क्या हम अपनी अनंत सम्भावनाओं को खुलने, खिलने, फलने और महकने से वंचित रखेंगे ? क्या हम प्रेमघन की वर्षा में भीगने से अपनी आत्मा को प्यासी रखेंगे और क्या अपने 'मन-रूपी बनराइ' को पाप-ताप से झुलसते देखते रहना चाहते हैं; उसे हरी-भरी होकर महकते-झूलते नहीं देखना चाहते ?...

❑

आज कबीर ही बचा सकते हैं !

मरणशीलता से आगे बढ़कर आणविक विनाश के कगार पर खड़ी मानव जाति के लिए कबीर एकमात्र औषधि हैं । पूरे विश्व में क्षेत्रीय उठान और स्वार्थ और हिंसा और युद्धों की बेकाबू होड़ बढ़ती जा रही है । विश्व में सबसे बड़ा उद्योग आज अस्त्र-शस्त्र की खरीद-फरोख्त बन चुकी है । युद्ध मंडियों की खोज और माल की खपत शक्ति-संतुलन को भी असंतुलित बना चुकी है । इराक-कुवैत युद्ध के साथ-साथ रूस का बिखराव और बाद में चरमराकर ढेर होता हुआ ढाँचा इसी तथ्य को प्रमाणित करता है । युद्ध-उन्माद ही के कारण विश्व स्तर पर अपहरण और हत्या की कारगुजारियाँ बढ़ और फैल रही हैं । ये ही गहराती हुई देशों और क्षेत्रों की आन्तरिक राजनीति में घर करती जा रही हैं । भारत तक की शांति, सहिष्णुता, दया, सहानुभूतिपूर्ण मानसिकता में गहरी सेंध लग चुकी है । यहाँ के लोकतन्त्र में आज अपहरण हिंसा-हत्या तक को स्वीकृति मिल चुकी है । तो दूसरी ओर साम्प्रदायिक टकराव अयोध्या में राम मन्दिर निर्माण और बाबरी मस्जिद का ढाँचा टूटने के कारण बहुत बड़ा खतरा बना हुआ है । ऐसे में भारत को ही नहीं विश्व को भी कबीर और सिर्फ कबीर ही सही रास्ता दिखा सकते हैं । बचा सकते हैं ।

कबीर के पास कालजयी सोच ही नहीं मानवतावादी सिद्ध दृष्टि और समुद्र से गहरी संवेदना है । मानव-मुक्ति के लिए विस्तीर्ण आकाश है तो अस्तित्व रक्षा के लिए शस्य-श्यामला, अक्षय जीवन-कोशमय धरती । कबीर प्रेम और करुणा के अवतार हैं । धरती पर के अन्तिम प्राणी और प्रकृति की वाणी हैं । महलों की बेचैनी और शोषण के सामने खड़े हुए झोंपड़े का सन्तोष और ईमान हैं ।

आज तक के पले-पुसे सभ्यताओं के अहंकार को धूल चटाने वाले बोध की ललकार हैं । मानव-विद्वेषियों के लिए खुले शब्दों में लथाड़ हैं । कबीर न देश में बँधते हैं, न काल में—इसलिए वे बादशाहियों—मुगल बादशाहों की धौंस के सामने भी नहीं झुकते । हिन्दू ब्राह्मणों के कर्मकांडी ढकोसलों के विरुद्ध भी सीना तानकर खड़े मिलते हैं । दोनों ओर की हठधर्मिता, कर्मकांड, रोजा-नमाज आदि के विरुद्ध इसलिए हैं—कि 'इन दोनों सूझंत नाहीं' । राम और रहीम में ईश्वर को बाँटकर—समूची मानवीय सत्ता, ईश्वरीय सत्ता को दो फांक कर ये लोग लड़ रहे हैं, जबकि ईश्वर और अल्लाह एक हैं ।

ईश्वरीय अनुभूति अविभाज्य है । सम्पूर्ण है । अखंडित है । उसे न दो बनाया जा सकता है न विभाजित किया जा सकता है, न खंडित किया जा सकता है ।

कबीर सत्य के साथ हैं । उन्होंने सत्य कमाया है । इसलिए वे सत्य पुरुष हो गये । उन्होंने सहजता में से सत्य का साक्षात्कार किया । सरलता में ईश्वर का वरण किया और सात्विकता में दुनिया के सामने रखा । आज भारत देश और दुनिया में सत्ता, शक्ति, सामूहिक धौंस और धाकड़पने की, शस्त्रास्त्र के बल पर अश्लीलता देखने को मिल रही है । शक्तिशाली निर्बल को धमका रहा है, पीट रहा है, जिन्दा जला रहा है । उसके पास सत्ता, धन, अस्त्रादि का बल है, सेनाएँ हैं । बारूद है, और क्रूरता है । इस सबके साथ विनाशकारी विचार दर्शन जिससे वह अपने हर मानवघाती कृत्य को उचित सिद्ध करने के तर्क गढ़ता रहता है । किन्तु कबीर हमें इनकी पहचान भी करवाते हैं । वस्तुतः कबीर दुर्गुणों के विरोधी हैं, दुर्गुणियों के नहीं । आज कबीर का दार्शनिक सोच, यदि हम पुनः झाँककर देखें तो, एक ऐसी लकीर खड़ी कर सकता है, जिसके सामने अभी तक की हर दार्शनिक सोच की लकीर छोटी पड़ जायेगी या गलत सिद्ध होगी ।

वर्तमान दार्शनिक विचारधाराएँ—मार्क्सवादी, नववामवादी, अस्तित्ववादी—सभी कबीर के सोच के आधुनिक-अत्याधुनिक सोच के सामने फीकी लगती हैं या कबीर के सोच को, आधुनिकता को ही सही सिद्ध करती हैं ।

तेरा मेरा मनुवा कैसे इक होई रे
तू कहता कागद की लेखी, मैं कहता आँखिन की देखी

कबीर ने मानव अस्तित्व को, उसकी स्थिति, चयन के अधिकार और मुक्ति को सर्वोच्च माना । अनुभवजन्य; अनुभूत प्रमाण को स्वीकार किया । सदियों से चले आने के कारण अपनी उपयोगिता खो चुके मृतप्राय सिद्धान्तों, अवधारणाओं को कबीर ने अस्वीकार कर दिया । आँखिन देखी को—जो समाज में यथार्थ सत्य है—उसी को प्रमाण माना । मार्क्सवाद के वर्गीय आधार, संवेदना, सरोकार और पक्षधरता को कबीर अपने युग में पहले ही मुकुट पहना चुके थे । ब्राह्मणवाद किंवा हिन्दूवाद के निर्जीव और निष्प्राण तत्त्वों को नकार कर कबीर ने सर्वव्यापक, घट-घट व्याप्य, कण-कण में समाये राम को स्वीकार किया है । 'राम मेरे पिय मैं राम की बहुरिया' की ममता, अन्तरंगता की अवधारणाओं को उजागर किया है कबीर ने । आज पुनः उन्हीं की वाणी, विचार, दर्शन, दुनिया को बचा सकता है ।

('कबीरपंथ' (सितम्बर 1991 अंक) में प्रकाशित ।)

❑

कबीर ही एकमात्र औषधि हैं

भारत की वर्तमान परिस्थितियों में कबीर ही एकमात्र औषधि जान पड़ते हैं । साम्प्रदायिकता के भीषण विस्फोट के क्षणों में कबीर ही मरहम भी हैं और दिशा भी । तभी वर्तमान दशा सुधर सकती है क्योंकि इस समस्या का सबसे पहले सामना उन्होंने ही किया । और वह भी तब, जब भारत पर उस समय बहुसंख्य लोगों पर अल्पसंख्यक सम्प्रदाय का शासन था और मुँह खोलना सीधे मौत को पुकारना था । वर्तमान भारत में लोकतंत्र ने सबको समान अधिकार दिये हैं, तो भी एकतरफा बयानबाजी और स्वार्थ, ईर्ष्या के वशीभूत होकर पूरा देश और समाज दो परस्पर विरोधी खेमों में बँटता-सा लग रहा है । इससे भविष्य और भी अँधेरा और भयानक लग रहा है । संतुलन कहीं नहीं दिख रहा । गहरी सोच और संयमित व्यवहार के क्षणों को फौरी उत्तेजनाओं में निपटाया जा रहा है । यही सबसे बड़ा खतरा है । भारतीय जन, सदियों की गुलामी में इतना तो सीख ही गया है कि खतरा देख, कछुए की भाँति भीतर दुबक जाओ और मौका मिलते ही पहले से ज्यादा शक्ति, एक-जुटता का परिचय दो । फिर दोनों खेमों के बड़े राजनीतिक दल स्वतंत्र हैं ।

भारत का बुद्धिजीवी यथार्थ को देखने और संयमित सोच-व्यवहार के होने का परिचय नहीं दे पा रहा । लगता है वह दो विरोधी खेमों के पीछे एकत्र हो रहा है । जरा-सी अनुकूल स्थितियाँ पा कर रंग, तेवर और विचार या मत बदलते इसे देर नहीं लगती । जबकि समाज की वास्तविकता बिल्कुल भिन्न है । बुद्धिजीवी आज प्रायः परजीवी बन चुका है । उसकी जड़ें समाज में नहीं । अन्यथा समाज का वह वृहत्तर समुदाय हिन्दू, मुसलमान, सिख, ईसाई में बँटकर राजनीतिकों के पीछे एकत्र होने को बाध्य न होता । समाज की नब्ज़ पहचानने का दावा करने वालों (साहित्यकारों) के साथ समाज नहीं है । सत्ता-प्रचार तंत्र की अनुकूलता पाकर यह, बुद्धिजीवियों का एक वर्ग, प्रदर्शन और प्रदर्शनियाँ आयोजित करता है । समाज इसे समझता-जानता है । अतः वक्त आ गया है कि बुद्धिजीवी वर्ग में जो सच्चे, वास्तविक, स्पष्ट होने का जोखिम ले सकें, वे वर्तमान स्थिति की गहरी-तटस्थ समीक्षा व छान-बीन कर के ऐतिहासिक भूमिका निभाने के लिए सामने आयें । खेमों में बँटे और विभाजित हो रहे समाज को, इन खेमों से बाहर रह कर रास्ता दिखाने की पहल करें । यह भूमिका अपने समय में संत कबीर ने निभायी थी । अकेले ही । तत्कालीन शासकों के जुल्म भी सहे थे । अपने-अपने वादी

घेरों की सुरक्षाओं-सुविधाओं से निकले बगैर यह भूमिका संभव न होगी । यह सच्ची कबीरी भूमिका होगी । यह नहीं हो सकता कि आप किसी राजनीतिक दल का अंग भी बने रहें, और तटस्थ होने का, कबीरवादी होने का ढोंग भी करें ।

क्या कबीरपंथी कायर हैं ?

इन दोनों सूझत नाहिं

कबीर ने जब ये शब्द कहे थे तो कोई गलत बात नहीं कही थी; बल्कि भविष्य में दूर तक देख सकने की अपनी क्षमता का ही परिचय दिया था, जो आज बीसवीं शताब्दी में आकर सच लग रहा है—प्रमाणित हो रहा है ।

'दोनों' से संत शिरोमणि कबीर का आशय था—साम्प्रदायिक अंधेपन से ग्रस्त मुसलमान व हिन्दू, जो धार्मिकता-अध्यात्म की अपेक्षा धर्म और बाह्य आडम्बर को महत्त्व देते और परस्पर लड़ते हैं । खूनखराबा मचाते हैं । आत्मिक आचरण की अपेक्षा बाह्याचरण को लेकर लड़ते-मरते हैं । मंदिर व मस्जिद की खातिर जानें लेते-देते हैं । वे वास्तव में अंधे हैं—उन्हें दिखाई नहीं देता । सूझता नहीं । यह तथ्य समझ नहीं आता कि मंदिर व मस्जिद के इन बाहरी ढाँचों के भीतर, वे किस तत्त्व को ढूँढ़ते या जपते हैं, किसके आगे सिर नवाते और भूलें स्वीकार करते हैं । किसके सामने तौबा करते हैं । अपने धर्मग्रंथों के ज्ञान को दरकिनार रख, वे किस जुनून में भर, क्या कुकर्म करते हैं धर्म के नाम पर, ईश्वर के नाम पर, अल्लाह के नाम पर !

दोनों नहीं, तीनों सूझत नाहिं

हमारा कहना है, दोनों के अलावा एक और वर्ग है, जो दोनों सम्प्रदायों के अंधेपन से वाकिफ है, मगर चुप है । देख रहा है मगर बोलता नहीं । आगे बढ़कर उन्हें समझाता नहीं, कि अपने-अपने धर्म-मत की आत्मा को समझो और लड़ो मत । खून मत बहाओ । एक दूसरे के मत के मर्म को समझो । अल्लाह और ईश्वर ईंटों-पत्थरों-लोहे की छड़ों से बने ढाँचों में नहीं रहता, जीवित प्राणियों और मनुष्यों में रहता है, जो इन ढाँचों को अपनी वाणी से गुँजाते हैं, अपनी भावना से भरते हैं, अपनी पाकीजगी से पवित्र करते हैं । किन्तु नहीं ! ये तीसरे वर्ग के लोग ठंडे पड़े हुए हैं । डरे हुए हैं । निहत्थे हैं । इनके संगठन नहीं । इनके इकट्ठ नहीं । ये मुर्दा हुए पड़े हैं । इन्हें दिखते हुए भी नहीं दिखता, क्योंकि ये देखे हुए को दिखा नहीं सकते । अंधों की आँखों में उँगली डाल कर उन्हें चेता नहीं सकते, कि देखो ! अंधो ! सच्चाई यह नहीं, जिसे तुम सच्चाई मान रहे हो और लड़-मर रहे हो, सच्चाई यह पूरा देश है, समाज है जीवित प्राणियों का—भूखे-बेरोजगार-बीमार-निरक्षर संघर्षशील कोटि-कोटि भारतीयों का । इन्हें परस्पर

जुड़कर-एकजुट होकर गरीबी से लड़ने की प्रेरणाएँ दो, भूख को देश से भगाने में शक्ति को लगाने दो । बीमारी और निरक्षरता को मिटाने में साहस दिखाने के हौसले दो । मगर नहीं ! अंधों को राह पर लाने की, सच्चाई—पूरी और बड़ी सच्चाई—मजहबी मूर्खता से बड़ी राष्ट्रीय सच्चाई को भी वे दिखाने से चूक रहे हैं । अंधों को अंधा न कह सकने वाले भी क्या अंधे नहीं हैं ? अन्याय को होता देखना भी अन्याय है । अन्याय का हिस्सा बन जाना है । वो तीसरा वर्ग—दोनों की हिमाकत, हिकारत को देखने-सहने वाला वर्ग भी अंधा, अन्यायी नहीं है क्या ?

❑

वर्तमान संदर्भों में कबीरपंथियों की भूमिका

अपने समय में अकेला होते हुए भी कबीर साहेब, जिस जीवट, जिस साहस, जिस जिंदादिली और दिलेरी से दोनों सम्प्रदायों की अंध और बुलंद ताकत से टकरा गये थे आज वह ताकत कबीरपंथियों में कहाँ गयी ? कहाँ गयी वह सूरमा ललकार ? कहाँ गयी वह लताड़ और फटकार कि दोनों को राह दिखा सके । दोनों के बीच खड़े होकर दोनों को राह पर ला सके । कहे कि तुम दोनों अंधे हो । मजहबी अंधेपन के शिकार । धार्मिक जुनून से बावले होकर पूरे देश की बर्बादी को बुलावा देने वाले सिरफिरे-पागल ! लाखों की संख्या में, इस देश में बैठे कबीरपंथी क्यों चुप हैं ? राम-जन्म-स्थल-मंदिर और बाबरी मस्जिद के ढाँचे के चल रहे दोतरफा इन वर्षों में फैले नफरती झगड़े के बीच में आकर क्यों खड़े नहीं हो पा रहे ? उनके और यों पूरे देश और मानव-जाति के मसीहा ने जो राह दिखाई थी, उसे क्यों नहीं अपना रहे ? क्यों अपने कर्तव्य से विमुख हुए, मुँह पर ताले जड़े बैठे हैं ? फिर ये ताले किसी और ने नहीं, उन्होंने स्वयं जड़े हैं । कायरता के ताले हैं ये । इन्हें उतार फेंको ।

ये दो वर्ग ही देश नहीं हैं । यह तीसरा वर्ग—कबीरपंथी मिला कर भी देश नहीं है । और यदि कबीरपंथी अपने गुरु के दिखाये सच्चाई के—आध्यात्मिकता और सच्ची आत्मिकता पूर्ण धार्मिकता के मार्ग पर डट जायें तो करोड़ों-करोड़ों वे लोग साथ हो जायेंगे, जो आज मूक बने हुए हैं, जो सदा मूक रहते हैं । जो कबीरपंथी नहीं, किन्तु कबीर के बेलाग सच्चे शूरमा बोलों को आत्मा की गहराई से प्यार करते हैं । पसंद करते हैं । चाहते हैं । और साथ देते हैं । मौका पड़े तो कुर्बानी भी देते हैं । पर कोई शूरमा खड़ा तो हो ! कोई सच्ची ललकार, कोई सच्ची-निःस्वार्थी दहाड़ सुनाई तो पड़े । आज तो सत्ता की गद्दियों पर गिद्ध दृष्टि जमाये कायर-कूकर ही नजर आते हैं । धर्माचार्य भी राजनीतिक-आचार्य बन बैठे हैं । उन सबमें कुछ इधर हैं या कुछ उधर हैं । बीच में कोई नहीं खड़ा हुआ । क्योंकि सिर देने से डरते हैं । घर फूँकने की हिम्मत नहीं इन धर्माचार्यों की भी । कैसे हैं ये धर्माचार्य ! तब क्या कबीरपंथियों को 'सीस उतारे भुंई धरे' और 'जो घर फूँके आपना-चले हमारे साथ' के बोल — गुरुमंत्र भूल गये हैं क्या ?

प्रतिरोध की पहल

हमारा मानना है कि यदि कबीरपंथी अपने गुरु के प्रति सच्चे हैं—अपने पथ के पक्के हैं तो उन्हें ऐसी राष्ट्र-व्यापी मूर्खताओं का विरोध करना चाहिए । समाचार पत्रों में लिख

कर अपने मंचों से बोल कर । और जरूरत पड़े तो सक्रिय रूप में प्रतिरोध करके । प्रदर्शन करके । जुलूस निकालकर । लोगों में जागृति लाने के लिए—सही मार्ग को—सही पक्ष को सामने रखने—सत्य के पक्ष को प्रबल बनाने में जुट जाना चाहिए । अपना कबीरी धर्म निभाना कबीरपंथियों के लिए अनिवार्य है । यह चुनौती है उनके लिए । यह ललकार है । यही वास्तविक भूमिका है । इससे यदि वे मुकरते हैं, तो इतिहास इन्हें भी अंधों में गिनेगा । इतिहास इन्हें भी कायर कहेगा । क्या वे सचमुच कायर कहलाना चाहेंगे ?

भारतीय राजनीति का पैंडुलम अतियों में डोल रहा है । छः दिसम्बर 1992 से पहले यदि एक प्रकार की अति थी, तो बाद में अब दूसरे प्रकार की अति की हदें, छुई जा रही हैं । जबकि सब जानते हैं कि अतिवादी निर्णय कौमों को कभी तसुं नहीं आते विशेषकर, जब संवेदनशील विश्वासों का मामला हो । ऐसे में प्रभावित दोनों पक्षों के लोगों को सामने आ कर स्वार्थी राजनीतिकों के हाथों से धार्मिक निर्णयों की डोर अपने हाथों में ले लेनी चाहिए । तभी स्थायी शांति और सुरक्षा की गारंटी सुनिश्चित की जा सकती है । भावनाएँ दोनों ओर की सुरक्षित रहनी चाहिए । भारतीय मुसलमानों को अपनी संख्या 12 या 15 करोड़ बताने की बजाय 82 या 85 करोड़ बतानी चाहिए कि हम इतने भारतीय हैं । इसमें गर्व करना, समूचे देश को अपनाना श्रेयस्कर है या अपने छोटे समूह की पहचान कराना ? और स्वयं को विश्व-राजनीति की शतरंज का मोहरा बनाकर अपने देशीय-राष्ट्रीय हितों के विरुद्ध निर्णय लेना और घातक-हिंसक महामारी को व्यर्थ ही न्यौता देना कहाँ की बुद्धिमानी है ?

फिर कबीर जैसे महान संतों ने जो अध्यात्म का मार्ग दिखाया है उसका इतिहास, मुसलमान, ईसाई, हिन्दू—इन सबसे पुराना है; उसे अपनाकर भारत में साम्प्रदायिक वैमनस्य सदा के लिए समाप्त हो सकता है । इस सार्वभौम अध्यात्म का ही विस्तार बाद के सब धर्मों-मतों में है । इन सबके पार और पूर्व की अध्यात्म भूमि पर अनहद नाद, एकात्म अनुभूति की चरम एवं परम स्थली पर पहुँच कर सब द्वन्द्व, द्वैत समाप्त हो जाते हैं । मुख्य मुद्दा अपने को देश, उसकी साझी संस्कृति के साथ एकात्म करने का है । क्या इसके लिए हम सब सच्चे मन से तैयार हैं ? यही एकमात्र समाधान है । यही कबीर का संदेश है ।

('कबीरपथ' में (अगस्त, 1992) प्रकाशित ।)

❑

परिशिष्ट

1. कबीर : संक्षिप्त जीवन-वृत्त
2. स्पंदित मौन का महा संगीत
3. जब मिट्टी की सारी गठानें गल गयीं

कबीर : संक्षिप्त जीवन-वृत्त

कबीर अद्‌भुत हैं । अनूठे हैं । उनमें भक्ति, ज्ञान और कर्म की त्रिवेणी समायी हुई है ।

विश्व के अधुना से अधुना विचार कबीर की वैचारिक उजास के फीके और दोहराये गये लगते हैं । कबीर ऐसे क्रान्तिकारी हैं, जिसके सामने आज तक की सभी क्रान्तियाँ अधूरी हैं, अपूर्ण हैं । कबीर के विचारों में आधुनिकता ही नहीं, उत्तर-आधुनिकताएँ समाहित हैं । साम्यवाद, जनवाद, वाम-नववाम के विचार हों या अस्तित्ववाद के मूल्य-मान, कबीर ने लगता है अपने समय में खड़े होकर भविष्य की सदियों तक की वैचारिक संभावनाओं का साक्षात्कार कर लिया है ।

अंध भक्ति से सहज भक्ति को, अज्ञान से ज्ञान को, अकर्म से कर्म को अलगाते और महिमा प्रदान करते कबीर अद्‌भुत सिद्ध होते हैं । हाथ के मामूली से मामूली कर्म को पूजा बना देना—ताने और बाने से रामनामी बुन देना कबीर के बूते का काम है । गांधी जब कहते हैं कि "मैं कबीर का पुजारी हूँ" तब समझ आता है कि गांधी दूसरों का विष्ठा टोकरे में भर कर अपने सिर पर कैसे उठा लेते हैं । विश्व कवि रवीन्द्रनाथ टैगोर कबीर की एक सौ कविताओं ("Hundred poems of Kabir") का अनुवाद करने से उपलब्ध दृष्टि को 'गीतांजलि' में उतार पाते हैं तो स्वाभाविक ही है । कबीर पारस हैं । जिसे छू जायें सोना कर दें !

जिस माया ने ब्रह्मा, विष्णु, महेश को बाँध रखा है, वह कबीर का बाल भी बाँका नहीं कर पायी । हिन्दुओं-मुसलमानों, नाथों, सिद्धों, सूफियों यानी सम्प्रदायों के अहंकार और ज्ञान और घेरों में कबीर कहीं नहीं फँसे । सब पर प्रहार करने की क्षमताएँ उन्हें उस सत्य की जमीन से प्राप्त हुईं जिस पर वह मजबूती से खड़े थे यानी विशुद्ध इन्सान होने की पूरी होश सहज होने की होश :

कह कबीर मैं कछु नहिं कीन्हा
सहज सुहाग राम मोहि दीन्हा ।

अहंकार और लोभ का त्याग करने और श्रम को पूजा की महत्ता देने से कबीर को जो सुहाग मिला—वह किसी भी सच्चे धर्म का मूल मंत्र हो सकता है ।

भारत के महान संत कबीर साहेब अपने जैसे अकेले महापुरुष हुए हैं भारत में, जिन्हें विश्व अभी पूरी तरह से नहीं जानता । साहित्यकार-विद्वान उन्हें क्रान्तिदर्शी कवि मानते हैं । समाज-राजनीति के लोग महान समाज-सुधारक । कबीर पंथी-अनुयायी

ईश्वर का अवतार । धर्म-अध्यात्म-योग के क्षेत्र में वह स्वसंवेद या वेद की अवतारना करने वाले अनन्य योगी और धार्मिक माने जाते हैं । हिन्दू उन्हें हिन्दू मानते हैं, मुसलमान मुसलमान । कबीर स्वयं को न हिन्दू मानते हैं, न मुसलमान । सिर्फ एक इन्सान मानते हैं और दुनिया भर को उनका यही प्रमुख उपदेश है कि खुद को एक इन्सान मानों और अच्छा इन्सान सिद्ध करो । उनके जन्म, मृत्यु आदि के बाबत कई-कई किंवदन्तियाँ हैं । विवाद हैं । फिर भी अधिकांश लोगों के मतानुसार उनकी जन्म-तिथि इस उक्ति के अनुसार ही मानी जाती है "चौदह सौ पचपन साल गए, चन्द्रवार इक ठाठ ठए ।" अर्थात् कबीर का जन्म संवत् 1455 विक्रमी (सन् 1398 ई.) के आस-पास माना जाता है । साहित्यिक-ऐतिहासिक दस्तावेज इसी तिथि को प्रमाणित करते हैं ।

उनके जन्म के बारे में कई-कई कथाएँ प्रचलित हैं । सबसे अधिक मान्य कथा के अनुसार कबीर का जन्म काशी में एक विधवा ब्राह्मणी के गर्भ से हुआ । लोकलाज के भय से इस शिशु को जन्म लेते ही उसने लहरतारा नामक तालाब के किनारे पर छोड़ दिया । वहाँ से गुजरते हुए नीरू और नीमा नाम के जुलाहा दम्पति ने उसे उठा लिया । घर ले आये । अपनी संतान बना कर पालन किया । उसे अपने पेशे के हुनर दिये ।

जाति जुलाहा नाम कबीरा,
बनि बिन फिरौं उदासी । (क.ग्रं.)

इस तरह कबीर को हिन्दू और मुस्लिम दोनों के संस्कार प्राप्त हुए । कहते हैं कबीर बचपन से ही अन्तर्मुखी, एकान्तप्रिय और साधु स्वभाव के थे । साधुओं की संगति उन्हें प्रिय थी । भक्ति में मन रमता था । उन्हें इन्हीं साधु-संतों के सम्पर्क और संगति में आत्मज्ञान प्राप्त हुआ । बाद में गुरु रामानंद की कृपा से आत्मज्ञान में भक्तिभाव का भी समावेश हो गया ।

वह अपने पैतृक जुलाहा कार्य करते हुए प्रभु की भक्ति में लीन रहते । आत्मशुद्धि और ज्ञान-चर्चा में मस्त रहते । कबीर की पत्नी का नाम 'लोई' माना जाता है । कमाल (पुत्र) और कमाली (पुत्री) उनके दो संतानें हुईं । कबीर मृत्यु से पूर्व मगहर चले गये थे । उनकी रचनाओं में भी इस बात के संकेत विद्यमान हैं :

सकल जनम शिवपुरी गवाइआ ।
मरती बार मगहरि उठि धाइया ।।

मगहर में कबीर की समाधि अब भी मौजूद है । मगहर में ही उनकी मृत्यु हुई । जन्म की भाँति इनकी मृत्यु तिथि एवं घटना को लेकर भी भिन्न-भिन्न मत हैं । किन्तु अधिकतर विद्वान निम्न दोहे के आधार पर उनकी मृत्यु संवत् 1575 विक्रमी (सन् 1518 ई.) मानते हैं :

संवत् पन्द्रह सौ पछहत्तर कियो मगहर को गौन,
भाग सुधी एकादसी रलो पौन में पौन ।।

विश्वभर में जितने भी धर्म-सम्प्रदाय हुए हैं उनके अनुयायियों में अपने गुरु या आदि-पुरुष के चमत्कारी स्वरूप की कथाएँ जैसे प्रचलित हैं वैसे ही कबीर पंथियों में भी हैं। जैसे जन्म को लेकर कबीर को अवतारी पुरुष सिद्ध करने के लिए उन्हें अयोनिज माना जाता है। यह विश्वास है कि कबीर दिव्यपुंज के रूप में कमल-पुष्प के ऊपर अवतरित हुए। इसी प्रकार देहावसान के समय हिन्दू-मुसलमान जब परस्पर लड़ रहे थे—अपनी-अपनी रीति-अनुसार हिन्दू उनके शव का दाह करना चाहते थे—और मुसलमान उस शव को दफनाना चाहते थे तब उनके शव पर पड़ी चादर जब हटायी गई तो शव के स्थान पर पुष्प पड़े मिले। दोनों तरफ के लोगों ने आधे-आधे पुष्प ले लिए और अपनी-अपनी रीति से अंतिम क्रिया की।

अपने गुरु के चमत्कारी रूप में विश्वास करना धार्मिक विश्वासों का अतिरंजित रूप हो सकता है परंतु यह अस्वाभाविक नहीं है। कबीर-भक्तों की श्रद्धा की अभिव्यक्ति अधिक है, इसमें तथ्यों की जानकारी भले ही कम है।

कबीर के नाम पर मिलने वाले ग्रंथों की सख्या के सम्बन्ध में भी भिन्न-भिन्न खोजों के आधार पर अलग-अलग मत हैं। सबसे पहली खोज सन् 1903 में श्री एच.एच. विल्सन द्वारा की गई। उन्होंने कबीर साहब के कुल आठ ग्रंथों की सूची गिनाई। किन्तु अंतिम व्यापक खोज जो नागरी प्रचारिणी सभा द्वारा कराई गई उसके अनुसार 140 ग्रंथों की सूची प्रकाशित की गई। किन्तु इन रचनाओं के प्रामाणिक-अप्रामाणिक होने का निर्णय अभी भी शेष है। बीजक नाम के उनके प्रमुख ग्रंथ में रमैनी, शब्द, साखी, कहरा, बसंद, बेलि, बिरहुली, चांचरि, हिंडोला, चौंतीसा, विप्रमतीसी आदि काव्य रूप मिलते हैं।

कबीर साहब की भाषा में अनेक क्षेत्रीय बोलियों, भाषाओं के शब्द सम्मिलित हैं। अतः उनकी भाषा को सधुक्कड़ी या खिचड़ी कहा गया है। अभिप्राय है कि साधु-संगति में विकसित भाषा। किन्तु मुख्य बात यह है कि उन्होंने जो भी सूक्ष्म से सूक्ष्म बात कहनी चाही है उसके लिए भाषा अपने आप उतरती चली आयी है। उन्हें भाषा की मुहताजी नहीं करनी पड़ी, बल्कि भाषा ही उनकी मुहताज रही है। उन्होंने लोक से भाषा ली और उसमें अपना तेज मिला कर लोक को भाषा दी।

❑

स्पंदित मौन का महासंगीत

कबीर साहेब इस धरती के सर्वथा जाज्वल्यमान चेतनापुंज थे—और हैं । उनके वारिस-शिष्यों की परम्परा में म. आचार्य गृन्ध्रमुनि नाम साहब जी से साक्षात्कार का सौभाग्य मुझे 1991 के उत्तरार्द्ध में हुआ । दिल्ली में । सौम्य, शांत, प्रसनचित्त चेहरे पर अध्यात्म कांति की दीप्त आभा ! सफेद परिधान—पहली ही झलक में इतना सब उत्सुक नजरों से भीतर उतर गया ! चरण-स्पर्श कर पास बैठ गया । थोड़ी देर मौन ! मेरा संदर्भ महंत भगवान दास कबीरपंथी जी ने उन्हें भक्त प्रभुदयाल जी के माध्यम से पहले ही दे दिया था । जिनके यहाँ आचार्य जी उन दिनों वास कर रहे थे । फिर भी पूछा "क्या करना चाहते हैं ?" वाणी में शांति और माधुर्य और स्वर में मंदता ।

मुझे ज्ञात था कि आचार्य श्री दिल्ली में उपचार के लिए आये हुए हैं । उन्हें हृदयगत रोग है और गहरे आघात लग चुके हैं । किन्तु नहीं ! उनकी मंदस्वरता में उच्चरित वाणी में भी ओज और ऊष्णता थी । अपनत्व का संस्पर्श और सहजता ।

वह कबीर साहेब की उस परम्परा के वारिस थे और हैं जिसमें ज्ञान और शरीर की दोहरी परम्परा (आचार्य जी का स्वयं का कथन 'कबीर पथ', जून 1991) मिलती है । ऐसी परम्परा और कहीं, इस रूप में नहीं मिलती । यह एक मनोवैज्ञानिक पद्धति है जिसका निर्वहन कबीर पंथ में अक्षुण्ण बना हुआ है ।

मैंने निवेदन किया कि एक साहित्यकार के नाते तो उनकी वाणी से परिचित हूँ कुछ-कुछ किंतु चाहता हूँ कि उनके विचारों को समाज से इस तरह जोड़ा जाये कि अपेक्षित परिवर्तन घटित हो । कबीर आज सर्वाधिक प्रासंगिक हो आये हैं, ऐसी प्रासंगिकता वैचारिक, सामाजिक आध्यात्मिक और मानवीय और कहीं किसी संत-महंत-औलिया में आज नहीं मिलती । सम्प्रदाय, जातिवाद, हिंसा, हत्या, गैर-बराबरी, भय, आतंक से ग्रसित समूचे मानव समाज के लिए यदि कोई प्रकाश या दिशा दीखती है तो वह सिर्फ कबीर साहेब में । और आज आप यह राह दिखा सकते हैं । राष्ट्रीय मंचों पर आज राजनीति और धर्म का घालमेल कर दिया गया है । अभेद की जगह पहले से ज्यादा भेद और स्वार्थ और जड़ता घर कर गयी है ।

मैं काफी बात कह गया तो लगा कि अतिरिक्त न बोल गया होऊँ ! चुप हो गया ।

वह अपने मौन में मेरी बातों को ले रहे थे । उस मौन में से छन कर निथर कर, जो रह जाता वह उसी को अर्थ देते और फिर मौन में से ही बोलते ।

उन्होंने सहमति में सिर हिलाया । मात्र ! फिर मौन ! फिर बोले, "कबीर साहब का कहा आज ही क्योंकर इतना महत्त्वपूर्ण लगता है ? उन्होंने यह कहाँ से लिया था ?"

मुझे थोड़ी देर चुप रहना पड़ा । बहुत गहरी सोच और होश में ले जाने वाला प्रश्न । मानो इसी पर मेरी सारी सोच की परीक्षा भी थी । सन् 1989 में मारीशस में विश्व रामायण सम्मेलन में तथा 1991 के मध्य में बैलजियम में विश्व रामायण सम्मेलन में भाग ले चुका था । मेरे लेख में संतों की राम परम्परा का आधार मैंने विकसित किया था । इस परम्परा के जनक कबीर साहेब की वाणी को मैंने प्राध्यापक होने के नाते नहीं, एक चेतनाधर्मी के रूप में पहचानने की जिज्ञासा में पुनः लिया था । यही मेरे काव्य की इधर दिशा भी होती गयी है । अतः मैंने अत्यन्त संकोच किंतु दृढ़तापूर्वक कहा—कि कबीर साहब ने जो कहा वह प्रकृति-सत्य है । और यह प्रकृति-सत्य ही वेदों में संग्रहित है । वेदों में संकलित ज्ञान पूर्व वैदिक युग की समूची मानव जाति की ज्ञान-सम्पत्ति है । इसीलिए, मेरे विचार में, वेदों को 'अपौरुषेय' कहा जाता है । अर्थात् जो किसी व्यक्ति द्वारा नहीं रचे गये । और फिर वेद हमारे लिए भगवान हैं । वेद का अर्थ 'ज्ञान' है तो धरती पर ज्ञान को भगवान मानने वाली जाति आज अज्ञान के गहरे अँधेरों में भटक रही है । आप जैसे आलोक पुरुष हमारे मध्य में हैं । मैं चाहता हूँ कि विश्व स्तर का एक मंच बनाया जाये और पुनः इस ज्ञान के आलोक को आप जैसे चैतन्य-पुरुष प्रसारित करें । राष्ट्रीय स्तर पर 'अखिल भारतीय कबीर पंथी महासभा' कार्य कर रही है, विश्वस्तर की संस्था बनाने का आशीर्वाद आप दें ।

वह फिर मौन में उतर गये । ऐसे मौन में जो युगों-युगों की संचित सम्पदा-ज्ञान और शरीर की दोहरी परम्परा की आँच में पका था, सधा था ! स्पंदित था ! उन्होंने "हाँ" में सिर हिलाया और कहा "अच्छा कार्य है" ।

फिर 27, 28, 29 दिसम्बर, 1991 को दिल्ली में 'विश्व कबीर पंथी महासभा' की ओर से अंतर्राष्ट्रीय कबीर सम्मेलन आयोजित किया गया । महंत भगवानदास जी ने उक्त संस्था के महासचिव के रूप में और मैंने अध्यक्ष के नाते जो प्रयत्न किये उनके पीछे आचार्य गृन्ध्रमुनि नाम साहेब के आशीर्वाद थे । वह अस्वस्थ थे । अतः सशरीर उपस्थित न हो पाये, किंतु तब भी और आज भी मैं मानता हूँ कि उनका स्पंदित मौन हमारे साथ है ।

('कबीरपंथ' (अप्रैल, 1992) में प्रकाशित ।)

❑

जब मिट्टी की सारी गठानें गल गयीं

अँधेरा उतर चुका था । पहाड़ी जंगली रास्ता । सितंबर की अंतिम तिथियों वाली ठंड । मशाल की रोशनी । शोरूबथान के कबीर मठ की ओर हम बढ़ रहे थे । हम यानी—मेरे अतिरिक्त भगवानदास कबीर पंथी, और हिन्दी के समर्थ युवाकवि कुबेरदत्त तथा दो स्थानीय नेपाली युवक । दिल्ली से रेल द्वारा जलपाईगुड़ी स्टेशन पर उतर कर बस द्वारा हम यहाँ पहुँचे । रास्ते से अनजान । दो नेपाली युवक गोरूबथान गाँव के पास के ही थे । वे हमें बस में ही मिल गये । भाग्य से उन्हीं से हमने पता पूछ लिया था । रास्ते के एक नेपाली परिवार से उन युवकों ने हमारा हवाला देकर मिट्टी का तेल, पुराने कपड़े ले कर मशाल बनाई थी ताकि हमें रास्ता दिखा सकें । वे लोग तो मार्ग से वाकिफ थे और अभ्यस्त भी ।

हम लोग बार-बार रुकते । एकाध छोटी टार्च भी हमने निकाल ली थी । फिर भी रास्ता विकट था । पत्थरों पर पाँव टेढ़े-मेढ़े पड़ते । फिसलते । हम पसीना-पसीना । दस-बीस कदमों पर रुकते । साँसों को चढ़ाई भारी पड़ रही थी । आँखों को पहाड़ी विस्तार । नेपाली युवक 'बस अब थोड़ी दूर है', 'मठ आने वाला है' कहते हुए हमारा हौसला बढ़ा रहे थे । वे हमारी दशा समझते थे । वैसे भी उनके लिए रोज उस रास्ते से आना-जाना होता था । सो अभ्यस्त पाँवों को दूरियाँ कम खलती हैं । उन्होंने हाथ में पालिथिन की छोटी-छोटी थैलियाँ भी थाम रखी थीं । जिनमें टमाटर और सब्जी भरी थी, दोनों गृहस्थी से जुड़े लगते थे । हमारा सामान भी उन्होंने अपने पास ले लिया था । फिर भी वे हल्के कदमों चढ़ रहे थे और हमारे पाँव भारी और मंद !

अब एक ही घुमाव शेष था । दोनों हम से पूर्व थोड़ा तेज कदमों से उस घुमाव पर पहुँचे और आवाजें लगाईं कि मेहमान आये हैं ! गोरूबथान, मिरिक, सौरेनी, दार्जिलिंग, कलकत्ता—आश्रमों मठों में अपना निर्धारित कार्यक्रम महंत भगवान दास जी ने लिख भेजा था । और 'कबीरपथ' में भी, जिसके वह संपादक हैं, प्रकाशित कर दिया था । किन्तु हम कोई सात-आठ घंटे विलंब से पहुँच रहे थे । दिल्ली से रात ग्यारह बजे के करीब चलने वाली आसाम-मेल ही घंटों लेट चली थी । आवाजें सुनते ही संकीर्तन में मस्त लोगों में जैसे हलचल मच गयी । दो-तीन युवक भाग कर हमारे पास पहुँचे । बाकी का सामान झोला आदि भी ले लिया और मठ में ले गये ।

पैट्रोमेक्स (गैस) और लालटेनों की रोशनी में सतसंग चल रहा था । सब लोग

ढोल-मंजीरा, खड़ताल आदि छोड़कर हमारा स्वागत करने को खड़े हो गये । वहाँ के बड़े महंत हमें लेकर सीधे अपने कक्ष में पहुँचे । तीनों के लिए आसन तीन कुर्सियों पर लगा कर बैठाया गया । पीने को जल दिया । कुछ ही क्षणों बाद महंत जी एक खाली परात और पानी भरा लोटा लेकर मंहत भगवानदास कबीरपंथी जी के पाँव पखारने में जुट गये, दोनों हाथों से पाँव को सहेज कर मल कर धो रहे थे । धोने के बाद अंगवस्त्र से दोनों पाँवों को पोंछ कर अंग वस्त्र को अपने माथे पर लगाते । हमने सोचा यह अपने महंतों की सेवा-स्वागत करने की यही रीति होगी इनकी सो कर रहे हैं । किन्तु नहीं ! उनके बाद मैं बैठा था बीच में । महंत जी ने, जो आयु में मुझसे भी बड़े रहे होंगे, मेरे दाहिने पाँव को अपनी दोनों हथेलियों में ले लिया । 'अरे ! भई यह क्या करते हो ?' मेरे मुँह से निकला । मैंने पाँव हटाना चाहा । किंतु वह छोड़ें तो तब न । "यह तो हमारा भाग्य है, साहेब, आपने यहाँ आकर बड़ी कृपा की है । नहीं तो इतनी दूर, ऊँचाई पर कौन आता है ? कई वर्षों बाद आपका आना हुआ है, कई बरस पहले महंत भगवानदास जी एक बार पहले भी आये थे," वह कहते जाते और मेरे पाँवों को दोनों हाथों से मल-मल कर धोते जाते । पाँव के नीचे एक हाथ की हथेली का आधार देकर दूसरे हाथ से मल रहे थे । फिर एक युवक को पानी डालने को कहते । फिर मल कर धोते । मुझे पूरे शरीर में पहले तो रोमांच हो आया फिर उनके द्वारा भाव-पूर्ण ढंग से पाँव-प्रक्षालन की विधि से आँखों में उनके प्रति श्रद्धाभाव से द्रवित होकर अश्रु उमड़ आये । मुझे ध्यान आया ऐसी सेवा, इस ढंग से तो मैं अपने माता-पिता की कभी नहीं कर सका । माता अभी भी जीवित हैं, उनके पाँवों को मैंने कभी अपनी हथेली पर नहीं लिया । और ये महंत हैं कि मुझे अपने हाथों के स्पर्श-स्नेह-आदर भाव के जल से गलाये जाते हैं । मैं अपने भीतर उतर चुका था, बाहर तो देह मात्र थी । भीतर अस्तित्व । भीगता हुआ । स्फुर्णों खिली रोमावली भीग रही थी । आज यह कैसी वर्षा हो रही है प्रभु कि मिट्टी गलती जा रही है । भीतर मिट्टी में बची गठानें तक गल रही हैं ।

कबीर बादल प्रेम का हम पर बरस्या आइ ।
भीतर भीगी आत्मा, हरी भई बनराइ ।।

कबीर के दोहे का मर्म मुझ तक खुल रहा था । मेरी आत्मा भीग रही थी भीतर-भीतर और बाहर रोंवों पर खेलती स्फुर्णों-रोमावली बनराई हरि बन आयी थी । महंत मेरे चरणों को पखार कर अब अँगोछे से पोंछ रहे थे । अपने सिर पर लेते पोंछन को, फिर साथ पंक्ति में आ बैठे, युवकों के सिर पर स्पर्श करके उन्हें भी बारी-बारी देते । यह क्रिया यहीं समाप्त नहीं हुई । चरणों को पोंछने के उपरान्त एक-एक कटोरी में जल ले कर अलग-अलग पाँवों के अँगूठे से छुलाते और पानी में उस छुअन का स्पर्श एकत्र कर चरणामृत तैयार कर सबने थोड़ा-थोड़ा पिया । अब तो मेरा मरण था । जीवित ही मरण जैसी दशा । मेरे पास उन्होंने मेरा कुछ नहीं रहने दिया । सब लूट लिया । निचो ड़ लिया । और नहीं ! वह तो मेरा अहंकार था । उन्होंने कुछ लिया नहीं बल्कि मुझे वह

कुछ दे दिया जो मैंने आज तक जाना नहीं था, देखा नहीं था । पाया नहीं था ।

अगले रोज । पास के गाँव का हाई स्कूल । हाई स्कूल का मैदान । वहाँ पहुँच कर देखा चार-पाँच ओर से लोग—नये, धुले, रंगीन वस्त्रों में सजे बच्चों, स्त्रियों, पुरुषों के जत्थे इधर ही चले आ रहे हैं । जैसे मैदानों में दशहरा या मेला देखने लोग उत्साह-उल्लास में भर कर घरों से निकलते हैं । निकलने से पहले ही पाँवों में थिरकन और मनों में खुशी की लहरें लेते तैयार होते हैं, बिल्कुल ऐसे ही । परिवार के परिवार । आज यहीं कार्यक्रम रखा गया था हमारा । आस-पास गाँवों में संदेशवाहकों द्वारा संदेशा फैला दिया गया था । जो जहाँ था वहीं से आगे सूचना को भेज-फैला रहा था । कैसा अचूक है इनका सूचनातंत्र ! कैसा निष्ठापूर्ण ! कैसा आनंद से भरा हुआ !

हम लोग भी जब मठ से चले तो कम से कम चालीस लोग हमारे साथ यहीं से लग लिये थे । पहाड़ी पगडंडी का सर्पीला-सँकरा रास्ता । कभी उस पर एक-एक व्यक्ति चलता कभी खुला मार्ग आने पर दो-तीन इकट्ठा चल लेते । हँसते-खेलते-बतियाते । हमारे प्रति सबकी आँखों में अपूर्व सम्मान । हमारी सुविधा का इतना ध्यान कि जरा-सी धूप खिल आने पर, उसकी धारदार तेज (पहाड़ी धूप बहुत तीखी मार करती है) मार से हमें बचाने के लिए छाते हमारे ऊपर तान देते । अपनी बिल्कुल कोई सुध नहीं । कैसी है यह कबीरपंथियों की श्रद्धा-भक्ति जो हमारे लिए घनी छाया बन कर साथ चल रही है, हम पर छा रही है ।

उस दिन वहाँ जो मैंने अपने मन के भाव व्यक्त किये, वे इस लोक-संस्पर्श से आलोकित मेरी चेतना का सहज द्रवण था । मुझे याद है मैंने कहा था कि आप लोगों के भीतर सचमुच ईश्वर निवास करता है, आप लोग देव हो । देवलोकवासी हो । कहीं कमी है तो मात्र एक छलाँग की, जहाँ अन्य लोगों को मीलों चलना शेष है, वहाँ आपके लिए मात्र एक पग शेष है । एक पग उठाया कि पा गये समूची भगवत्ता !

मिरिक, सौरेणी, दार्जिलिंग, कलकत्ता के कबीर मठों के अनुभव भी इनसे कम संस्पर्शी, समृद्धिकर नहीं थे । जहाँ भी गये, वहाँ बढ़-चढ़ कर स्नेह-वर्षा हुई । दार्जिलिंग में कमला बहन, राहुल सांकृत्यायन जी की पत्नी की अध्यक्षता में, हिन्दी भवन में मेरा और कुबेरदत्त का सम्मान हुआ । कमला जी से राहुल जी के सम्बन्ध में अनेक स्मृतिमयी बातें हुईं । हर मठ से परम्परागत ढंग से विदाई की रस्म भी निभाई जाती रही । आज चारेक वर्ष बाद उन स्मृतियों में लौटा हूँ तो पुनः पुनः आनंद की वर्षा-फुहारों से भीतर-बाहर नहा गया हूँ । आभार से नत-विनत हूँ और गहरे में कहीं दूर तक कोई बची गाँठ नहीं मिट्टी में । अपनी ही कविता की पंक्तियाँ याद आ रही हैं :

जब समूची धरती ही दहल उठे
भूकंप में
तब मेरी इस मुट्ठीभर

मिट्टी की क्या बिसात
जो भीग कर नहीं नमे
नम कर नहीं गले
गल कर नहीं बहे.....